Monika und Hans D. Dossenbach

WESTERNREITEN

Fachliche Beratung durch Jean-Claude Dysli
Zeichnungen von Rolf Baumann

Hallwag Verlag Bern und Stuttgart

Alle Aufnahmen stammen von den Autoren.
Monika und Hans D. Dossenbach fotografieren mit Nikon-F-4-Kameras.

Schutzumschlag und Gestaltung: Robert Buchmüller
Lektorat: Urs Aregger

Satz und Druck: Hallwag AG, Bern
Bindung: Grollimund AG, Reinach

ISBN 3-444-10448-0

Hallwag

INHALT

VORWORT

Dieses Buch verführt wohl zuerst zum Anschauen. Es ist eine sehr stimmungsvolle, farbige, das Auge erregende Welt, in die wir uns begeben. Ich wünsche dennoch sehr, daß auch die Texte gelesen werden, weil ich glaube, daß erst durch sie das Buch jene Aussage erhält, die für das Verständnis der Westernreiterei erforderlich ist. Westernreiten ist nicht einfach ein Reitstil und hat auch wenig mit Kinoromantik zu tun. Westernreiten ist eine Tradition, eine Kultur und eine Philosophie.

Vor ziemlich genau zwanzig Jahren bereiste ich während sechs Monaten Nordamerika von der Ostküste bis zum Pazifik, um Material für das Buch «Die großen Gestüte der Welt» zu sammeln. Das Herz der Vollblut- und Traberzucht in Kenntucky war eindrucksvoll, die Walking Horses in Tennessee ein Schock; echt spannend für mich wurde die Geschichte erst westlich des Mississippi. Die ganze Art der Reiterei bekam hier plötzlich etwas Natürliches. In Oklahoma sah ich das erste Westernturnier. Allein das Drum und Dran war völlig verschieden von der Atmosphäre auf einem Springplatz. Noch weit mehr beeindruckte mich der lockere Reitstil, diese normale, selbstverständliche Art des Umgangs mit Pferden.

Wenig später begegnete ich im Norden von New Mexiko vier Cowboys, die eine Rinderherde vor sich her trieben. Wir kamen ins Gespräch, das wir am Abend bei einem Bier im nahen Saloon fortsetzten, und die Folge daraus war, daß um fünf Uhr am nächsten Morgen ein ganz großer Jugendtraum für mich in Erfüllung ging: Ich durfte als Cowboy mitwirken, immerhin zwei Wochen lang. Die knappen Anleitungen, Tips und Erklärungen, die vor allem der kleine, drahtige Charly so nebenbei von sich gab, saugte ich förmlich auf. Und das Erlebnis, täglich zwölf Stunden im Sattel hinter Rindern herzureiten, hat mich stark geprägt. Dieser Reitstil überzeugte mich. Da gab es keine verhaltensgestörte Pferde. Da ging es wohl auch einmal etwas rauh her und zu, aber jeder Reiter wußte, daß er ohne sein Pferd nichts wert sein würde, und das spürte man immer.

Was sich in den letzten Jahren in Europa abgespielt hat, hat mir recht gegeben. Westernreiten ist hier längst nicht mehr der Spleen von ein paar Träumern, sondern eine Reitmethode und ein Sport mit einer einzigartig rasch wachsenden Zahl von Anhängern. Und das hat seine guten Gründe.

Die Zeit für ein Buch, das die Geschichte und Hintergründe des Westernreitens und seine verschiedenen Aspekte in der Gegenwart aufzeigt, ist reif.

Vielen Leuten bin ich Dank schuldig, weil ohne sie dieses Buch nie zustande gekommen wäre, allen voran meiner Frau Monika, die etwa die Hälfte der Fotos aufgenommen und alle Texte bearbeitet hat. Sie ist mir auch immer eine wundervolle Reisebegleiterin, Mitarbeiterin und Partnerin. Richie Tobler hat uns eine große Menge Informationsmaterial zur Verfügung gestellt. Unsere Freundin Candy Mercer in Sanger, Texas, machte uns mit unzähligen Trainern und Züchtern bekannt und gab für uns während Wochen ihr eigenes Privatleben auf. Dank auch an meine Schwester Margrit und ihren Mann Alexander Adorjan und an meine Tochter Monica und deren Mann Andy Perkins, alle in Texas, an Steve Brown, Steve Wright, Allen Rapert, Roger Brazeau, Wallace Barbee, Dick Pieper, Jesse und Marty Foutch, Brent Loseke, Jack Brainard, Larry Peck, Wilma und Chuck Hitchcock, Teddy Johnson, Clint Haverty, Boby Sields, Gery und Juanita Nilmeyer, Sewell Ward, Joyce Vieira, J. W. Finney, W. Robert Morgan, Peggy Boomer sowie den vielen anonymen Cowboys und Unberittenen, die uns alle irgendwie geholfen haben.

Es ist uns aber auch eine ganz besondere Freude, daß unser Freund Jean-Claude Dysli, Europas großer Pionier des Westernreitens, uns mit seinem immensen fachlichen Wissen während dieser Arbeit zur Seite gestanden hat. Er war unser Begleiter in Spanien, Portugal und Amerika und hat uns an Orte, zu Menschen und Pferden geführt, die wir sonst nie entdeckt hätten.

Schlatt, im April 1995, Hans D. Dossenbach

Hans D. Dossenbach

IBERER, GAUCHOS, INDIANER

Was hat das Westernreiten mit den Iberern zu tun? Sehr viel. Es ist nämlich nicht im «Wilden Westen» entstanden, sondern hat seinen Ursprung in der alten iberischen Reitweise.

Die Perser, Skythen, Griechen, Römer und Karthager, um nur einige der Großmächte um die Zeit von Christi Geburt zu nennen, hatten ebenso berühmte wie gefürchtete Reiterheere. Ihre Taktik bestand in erster Linie darin, in möglichst großer Zahl auf den Feind loszupreschen, diesen mit einem Hagel von Speeren einzudekken und wieder davonzugaloppieren. Bei manchen Kavalleristen saß hinter dem Reiter ein Bogenschütze auf dem Pferd, der im Vorbeigaloppieren seine Pfeile abschoß. Oder aber die Reiter brachten lediglich die Kämpfer nach vorn, die einander dann zu Fuß den Schädel einschlugen. Die Pferde waren wohl schnell und ausdauernd, aber aus verschiedenen zeitgenössischen Darstellungen kann man leicht erkennen, daß sie kaum versammelt wurden, auf der Vorhand gingen, kaum auf Gewichtshilfen reagieren konnten und nur beschränkt wendig und manövrierfähig waren. Die Leute ließen sich zwar in halsbrecherischem Tempo und auch mit akrobatischem Geschick von ihren Pferden herumtragen, aber mit Reitkunst hatte das sehr wenig zu tun.

Im Mythos existieren sie weiter, die Helden der alten Tage. Aber auch in der Wirklichkeit leben die Cowboys fort, auch wenn ihr Alltag selten so romantisch verläuft wie in unseren Jugendträumen. In Iberien, vorab in Andalusien, hat die Reittradition bis heute einen großen Stellenwert. Das spiegelt sich nicht zuletzt in der oft sehr kunstvollen und kostbaren Aufmachung der Pferde.

Ganz anders die Iberer. Ihre Reitkunst wurde schon von dem großen griechischen Hippologen Xenophon bewundert. Die iberischen Krieger ritten ihre Pferde einhändig. Der Zügel war lose und hatte nur zweitrangige Bedeutung. Dennoch gingen die Pferde durch gezielte Ausbildung versammelt, in hoher Aufrichtung, die Hinterbeine traten weit unter den Körper und trugen das Hauptgewicht des Reiters. Dadurch waren sie in der Lage, auf die leisesten Gewichtshilfen zu reagieren, blitzschnell auf der Stelle zu wenden, jederzeit auch aus dem Stand loszupreschen und ebensoschnell zu stoppen. Die Bügelriemen waren langgeschnallt, die Reiter saßen «im Pferd». Diese großartigen Reiter zu besiegen, war nur durch eine große Übermacht möglich.

Rechts
Die ursprünglich kriegstechnisch ausgerichtete Reitkunst der Iberer kam später den Vaqueros zugute. Dank der Reitweise im perfekten Gleichgewicht mit dem Pferd und der Versammlung am losen Zügel kann das Tier auf kleinste Gewichtshilfen sofort reagieren und erreicht höchste Manövrierfähigkeit.

Toreo a Caballo

Toreo a Caballo, der spanische Stierkampf zu Pferd, hat eine 2000 Jahre alte Tradition. Aus der ursprünglich berittenen Jagd mit dem Speer auf den wilden Ur oder Auerochsen – der übrigens große Ähnlichkeit mit dem heutigen spanischen Kampfstier hatte – entwickelte sich der Schaukampf in der Arena. Die Römer begeisterten sich für diese Art der Gladiatorenkämpfe ebenso wie später die Westgoten, die Mauren und die Habsburger, die nacheinander in Spanien herrschten.

Feste Regeln schien es damals kaum gegeben zu haben. Der Rejoneador, der Stierkämpfer zu Pferd, reizte den Stier zum Angriff, wich ihm aus und setzte ihm mit Lanze, Schwert oder Spieß so lange zu, bis er zusammenbrach.

Der Bourbonenkönig Philipp V. verbot zu Beginn des 18. Jahrhunderts alle barbarischen Reiterspiele. Das Volk jedoch wollte auf den Nervenkitzel des Stierkampfes nicht verzichten, und so entwickelte sich die zeremonienreiche Corrida zu Fuß. Der Stierkampf zu Pferd geriet in Vergessenheit.

Ein Kavalleriehauptmann namens Antonio Canero versuchte sich im Jahre 1923 erstmals wieder im Toreo a Caballo. Er wurde sehr schnell zum gefeierten Star, vor allem weil das Publikum seine ungewöhnlich hohe Reitkunst zu würdigen wußte. Allmählich tauchten auch weitere Rejoneadores auf, so daß mit der Zeit reine Pferdestierkämpfe durchgeführt werden konnten. Zu einem «Breitensport» wurden sie aber nie.

Ein Rejoneador reitet im Kampf gegen einen Stier hintereinander vier Pferde. Wenn ein Pferd im Stierkampf eingesetzt wird, hat es eine Ausbildung in der klassischen Hohen Schule hinter sich. Es muß Piaffe, Passage, Pirouette, Trab- und Galopptraversalen, fliegende Galoppwechsel, die Pesade und den spanischen Tritt beherrschen. Dann folgen weitere Ausbildungsphasen, zuerst an einer von einem Helfer bedienten Stierattrappe, dann an einem abgerichteten Ochsen, anschließend an einer aggressiven, zweijährigen Kuh und schließlich auf der Weide, wo junge Stiere bei der «Tienta» auf Mut und Angriffslust geprüft werden.

Links
In der Reithalle auf der Hazienda der Familie Domecq, berühmten Sherryproduzenten sowie Pferde- und Kampfstierzüchtern: Das Pferd wird an einer zweijährigen, sehr aggressiven Kampfstierkuh auf höchste Reaktionsschnelligkeit trainiert. In dieser Phase hat es bereits mehrere Jahre Ausbildung hinter sich und beherrscht sämtliche Lektionen der Hohen Schule.

Die legendäre spanische Reiterei

Der Portugiese Fernando d'Andrade, berühmter klaßischer Reiter, Pferdezüchter und Hippologe der Gegenwart, geht davon aus, daß auf der iberischen Halbinsel schon seit prähistorischer Zeit zwei Typen von Wildpferden gelebt haben. In den kühlen, feuchten und bergigen Gebieten gab und gibt es bis heute ein Pony mit geradem oder leicht eingebuchtetem Nasenprofil. Wegen seiner geringen Größe konnte es nicht als Reitpferd für Krieger gebraucht werden. In den flachen, heißen Ebenen im südlichen Iberien war ein größeres Pferd mit vorgewölbtem, ramsnasigem Profil zuhause, das ein ausgezeichnetes Kriegspferd abgab. D'Andrade glaubt, daß dieses Pferd schon vor etwa 6000 bis 7000 Jahren geritten wurde. Diese Vermutung basiert auf einer Waffe, die im Westen Iberiens gefunden wurde und aus jener Zeit stammt. Es handelt sich um eine Hellebarde, hergestellt aus einem großen Stück Feuerstein. Die Hellebarde, später auch aus Kupfer, Bronze und Eisen gefertigt und bei den schweizerischen Eidgenossen besonders beliebt, diente dem Fußvolk als Waffe gegen die Kavallerie: Mit dem seitlichen Haken wurden die Reiter vom Pferd herunter geangelt, mit der Axt auf der anderen Seite konnte man ihnen hinterher den Schädel spalten. Ob es schon vor 6000 bis 7000 Jahren Reiter gab, ist allerdings trotz der Steinhellebarde fraglich.

Immerhin spricht einiges dafür, daß die Iberer in der Bronzezeit bereits ritten, vor rund 5000 Jahren. Damals breitete sich von der iberischen Halbinsel aus eine als «Vaso Campaniforme» bekannte Zivilisation bis nach Nordeuropa aus, und es macht den Anschein, als ob Pferde mit dabei waren.

Ganz sicher aber ist, daß im antiken Griechenland die spanischen Pferde und Krieger bekannt waren und bewundert wurden. Homer beschrieb die Pferde als unbesiegbar in jedem Rennen und unübertroffen an Adel. Xenophon war voll der Begeisterung über die Reitkunst der Iberer und ihre überlegene Kampftaktik zu Pferde. In seiner Beschreibung des Peloponnesischen Krieges schildert er, wie die Iberer, von den Spartanen zu Hilfe gerufen, die Athener besiegten.

Cäsar, Valerius Maximus und verschiedene römische Geschichtsschreiber beschrieben die Überlegenheit der Iberer in den Schlachten gegen die Römer und Karthager.

Der maurische Chronist Abu Bakr al Turtusi erzählt von einem Spanier, der drei maurische Krieger tötete, bis er selbst außer Gefecht gesetzt werden konnte. Der Mann, der den spanischen Kämpfer schließlich erledigte, war ein erfahrener Mann, der die iberische Taktik bereits kannte. Unter den Mauren, so schrieb Abu Bakr, habe es «nicht tausend, nicht fünfhundert, nicht hundert, nicht fünfzig, nicht zwanzig und nicht einmal zehn» Krieger gegeben, die mit diesem Kämpfer vergleichbar waren.

Iberische Reiter gab es auch als Söldner in Italien und Nordafrika. In der Regel brachten diese ihre Pferde mit, und wenn dies nicht möglich war, zumindest ihr eigenes Zaum- und Sattelzeug.

Als die Mauren die iberische Halbinsel erobert hatten, anerkannten sie die spanische Kavallerie als eindeutig besser als die eigene. Ihre Bewunderung für das iberische Pferd manifestierte sich in den Geschenken, die Omidias, der Kalif von Córdoba, im 9. Jahrhundert nach Konstantinopel und Bagdad sandte. Nebst herrlichen Waffen, Juwelen, Seide und zahlreichen Sklaven schickte er zehn spanische Pferde mit reicher Zäumung und prächtigen Sätteln.

Die Kriege gegen die Karthager, Römer und Mauren hatten einen günstigen Einfluß auf die iberische Pferdezucht. Es wurden leistungsfähige Pferde gebraucht, und dementsprechend wurde eine strenge Zuchtauswahl getroffen. Außerdem gab es unter den berberischen und arabischen Hengsten, die mit den Mauren ins Land kamen, erstklassige Tiere, die ebenfalls die Qualität der spanischen Pferde verbesserten. In der Barockzeit spielte kein anderes Pferd eine so bedeutende Rolle in der Warmblutpferdezucht ganz Europas wie der Andalusier und der nahezu identische portugiesische Lusitano.

Der spanische Krieger ritt das Pferd einhändig am losen Zügel und dennoch versammelt und im Gleichgewicht. Dank dieser Reitweise war er anderen Reitern hoch überlegen. Daß die spanischen Pferde zum Teil auch von arabischen Hengsten genetisch beeinflußt wurden, ist vor allem am Kopf des abgebildeten Tieres leicht zu erkennen. *(A replica of Coronado's man.* Mit freundlicher Genehmigung des Los Angeles County Museum of Natural History.)

DIANA BOVÉE

Das Sorraiapferd

Nach wie vor halten mache Leute an der Behauptung fest, alle Hauspferde stammten vom Przewalskipferd ab. Diese Feststellung ist irreführend, denn unter der deutschen Bezeichnung Przewalskipferd versteht man das Östliche Steppenwildpferd, das vom russischen General und Asienforscher Nikolai Michailowitsch Przewalskij 1879 in den innerasiatischen Steppen entdeckt wurde. Mit Sicherheit spielten andere geografische Wildpferderaßen, zum Beispiel die erst in jüngerer Zeit ausgerotteten Tarpane, bei der Entstehung der Hauspferde eine wichtige Rolle.

Ruy d'Andrade, der Vater des auf den vorangegangenen Seiten erwähnten Hippologen, machte im Jahre 1920 eine hochinteressante Entdeckung. Im Gebiet des Sorraia, eines Nebenflußes des unteren Tejo in Portugal, entdeckte er mehrere kleine Rudel halbwild lebender Pferde, mit denen er und sein Sohn sich in der Folge während Jahrzehnten beschäftigten. D'Andrade prägte den Begriff Sorraiapferde.

Daß es sich bei diesen Tieren um eine nahezu rein erhaltene Wildpferderaße handelt, ist leicht zu erkennen und wurde durch die Forschungsarbeiten der d'Andrades und des deutschen Verhaltensforschers Michael Schäfer bestätigt. Die typischen Sorraiapferde sind entweder Gelbfalben *(boias)* oder Mausfalben *(ratos)*. Die Gelbfalben haben ein gelblich-sandfarbenes Haarkleid, das nie ins Rötliche übergeht wie beim Przewalskipferd. Die Mausfalben sind grau. Typisch für alle ist der Aalstrich dem ganzen Rücken entlang. Manchmal gibt es am Widerrist auf jeder Seite einen bis drei dunkle, senkrechte, spitz zulaufende Streifen sowie eine angedeutete Zebrastreifung oben an den Beinen. Das Stockmaß liegt bei 145 Zentimetern, das Gewicht zwischen 300 und 350 Kilogramm.

Die Forschungsarbeiten lassen den Schluß zu, daß es sich bei den Sorraiapferden um eine Rasse handelt, die einer iberischen Urwildpferdeform noch sehr nahe steht. Wahrscheinlich waren Wildpferde dieses Typs vor einigen Tausend Jahren die Grundlage der südiberischen Hauspferde – und damit natürlich auch der amerikanischen Westernpferde.

Nachdem der Bestand der interessanten Sorraiapferde in Portugal um 1980 auf etwa zwanzig Tiere zusammengeschrumpft war, nahmen sich Fernando Palha und José Manuel Abcassiz der Tiere an. Auf ihren riesigen Grundstücken begannen sie eine systematische Zucht. Heute tummeln sich dort etwa 150 Sorraias.

Die iberischen Reitpferde

«Pura raza española» nennen ihn die Spanier, die «reine spanische Raße». Als Andalusier ist er weltbekannt, und kein anderes Pferd hatte auf die Warmblutpferdezucht einen so entscheidenden Einfluß. Ganz allgemein geht man davon aus, daß der Andalusier zwar auf der Grundlage alter, südiberischer Pferde – eben der Sorraias, wie wir heute annehmen dürfen – entstanden ist, seine Erscheinung aber hauptsächlich dem Einfluß der Berber- und Araberpferde verdankt, die mit den Mauren ins Land

Die Herrschaft der Mauren in Spanien brachte es mit sich, daß berberische und arabische Pferde die iberische Pferdezucht mitprägten.

kamen. Einige Experten sind allerdings überzeugt, daß in Südiberien schon lange vor der Maurenzeit hervorragende und edle Reitpferde gezüchtet wurden und daß der orientalische Einfluß weit weniger wichtig war als bisher angenommen.

Wie immer dem auch sein mag, der Andalusier ist eine ungewöhnlich eindrucksvolle Erscheinung. Er ist ein kompaktes, kräftiges, aber dennoch sehr elegant wirkendes Pferd mit auffallend abgerundeten Formen, einem markanten, eher langen Kopf mit etwas vorgewölbtem oder geradem Nasenprofil und einem üppigen Mähnenbehang, einem starken, hochgetragenen Hals, breiter Brust, wenig Widerrist, geschloßener Lende und runder, kraftvoller Kruppe. Die Beine sind verhältnismäßig kurz, kräftig und trocken, die Hufe klein und hart. Das Stockmaß liegt bei 155 Zentimetern. Die große Stärke dieses Pferdes liegt eindeutig in seiner Begabung für die Hohe Schule.

Trotz der Bezeichnung «pura raza» gibt es doch recht große Unterschiede innerhalb der Rasse. Um eine gewisse Ordnung in die Zucht zu bringen, entschied man sich für eine Unterscheidung in zwei Typen. Weitaus häufiger in Andalusien wird heute das Pferd «mit geradem Profil im Orientalischen Typ» gezüchtet. Vor allem im Süden Portugals findet man die Form «mit subkonvexem (leicht vorgewölbtem) Profil». Der Lusitano, das portugiesische Dressur- und Stierkampfpferd, ist diesem zweiten Typ sehr ähnlich und auch nahe verwandt, zeichnet sich aber durch einen längeren Rücken und einen etwas stärkeren Knochenbau aus.

Gelegentlich taucht der Begriff «Cartujano» oder Kartäuserpferd auf. Im Kartäuserkloster bei Jerez de la Frontera züchteten die Mönche über Jahrhunderte Andalusier von erlesenster Qualität. Noch heute gibt es in dieser Gegend Abkömmlinge von diesen Klosterpferden, die man als Cartujanos bezeichnet. Man findet sie zum Beispiel im Gestüt der berühmten Sherry-Hersteller Terry in Puerto de Santa María.

Die absolute Blüte erreicht der Andalusier in der Barockzeit (1580 bis 1750). Dieses Pferd paßte genau zur pompösen Prunkentfaltung des Zeitalters. Als das Pferd der Könige und Kaiser zog es in ganz Europa in die Marställe ein. Auf verschiedenen Hofgestüten entstanden auf der Grundlage von Andalusiern eigene Rassen. In Dänemark züchtete man den Frederiksborger nach verschiedenen Farben und den getupften Knabstruper, in Kladrub im heutigen Tschechien den kräftigen, als Kutschpferd besonders geeigneten Kladruber, im Karst den berühmten Lipizzaner.

Von den einst so begehrten barocken Paradepferden ist nicht mehr viel übrig geblieben. Neue Bedürfnisse führten zu anderen Pferdetypen. Aber ein ordentlicher Schuß Andalusierblut fließt heute noch in sehr vielen Warmblutraßen. Vor allem waren Andalusier die Basis der Westernpferde.

Rechts
Vor allem die Hengste der Andalusier sind ungewöhnlich imposante Erscheinungen.

Klein aber fein: Im hocheleganten, temperamentvollen Peruanischen Pasopferd ist edelstes spanisches Blut unverkennbar erhalten geblieben.

Das Pferd kommt nach Amerika

Der amerikanische Kontinent ist die Urheimat des Pferdes. Von dort aus breiteten sich Urwildpferde nach Asien, Europa und Afrika aus. In Amerika selbst aber starben sie vor rund 10 000 Jahren auf rätselhafte Weise aus.

Am 6. Dezember 1492 landete Kolumbus auf Haiti und brachte dort die ersten dreißig spanischen Pferde an Land. Vor allem im folgenden Jahrhundert gelangten zahlreiche spanische Schiffe zu den Karibischen Inseln und an die Küsten Mittel-, Süd- und Nordamerikas, und jedes hatte Pferde an Bord, als Decklast auf den noch leeren Schiffen und um danach den Eroberern, Soldaten und Siedlern als Reittiere zu dienen. Aus ihnen wurden im Laufe der Jahrhunderte neue Rassen und Schläge gezüchtet, zum Beispiel die Criollos und ihre verschiedenen Verwandten in Südamerika, die Paso Finos in Kolumbien, die Paso Peruanos in Peru, die Galiceños in Mexiko und natürlich die Appaloosas, die Pintos, Palominos und weitere Nordamerikaner.

Tausende spanischer Pferde entkamen und verwilderten, in besonders großer Zahl im Südwesten Nordamerikas. Aus ihnen entstanden in der Neuen Welt die Mustangs, die schließlich zu Hunderttausenden mit den Bisons die Prärien bevölkerten.

Grosses Bild
Etwas weniger edel, aber dafür um so härter im Nehmen: der Criollo, das unverwüstliche Pferd des Gauchos.

Nächste Doppelseite
Verwilderte Pferde spanischen Ursprungs in der atemberaubenden Landschaft des Monument Valley an der Grenze zwischen Arizona und Utah.

Indianer und Pferde

Links
Die Indianer und natürlich besonders die Häuptlinge putzten ihre Lieblingspferde prächtig heraus.

Filme und Bücher haben unsere Vorstellung geprägt: Indianer und Pferde sind untrennbar miteinander verbunden. Wer kann sich diese Krieger und Bisonjäger ohne Pferde vorstellen! Die berittene Epoche in der Geschichte der nordamerikanischen Indianer dauerte allerdings nicht sehr lange. Sie begann erst im 17. Jahrhundert und war 1890 schon zu Ende. Indianer besitzen heute noch Pferde und reiten heute noch, ein Reitervolk sind sie aber nicht mehr.

Während diesen rund dreihundert Jahren aber spielte das Pferd im Leben mancher Indianerstämme eine ganz einschneidende Rolle: Es veränderte das Leben der Nomaden grundlegend, es wurde zum Mittelpunkt des Denkens und Handelns und zum Symbol für Reichtum, Macht und Freiheit.

Angekohlte Pferdeknochen in ungefähr 10 000 Jahre alten Lagerstätten deuten darauf hin, daß frühe Indianer die prähistorischen Wildpferde Amerikas gekannt und auch gegessen haben. Mit Sicherheit jedoch haben sie sie nicht ausgerottet, wie schon behauptet wurde, denn kein Naturvolk würde je seine eigene Nahrungsquelle zerstören. Die Pferde aber starben aus, aus unbekannten Gründen. Durch Gräber und andere Fundstätten wissen wir heute, daß die Wikinger vor rund tausend Jahren Pferde auf den amerikanischen Kontinent

Oben
Nur verhältnismäßig selten fingen Indianer wildlebende Mustangs ein. Am Anfang erwarben und stahlen sie die meisten Pferde von den spanischen Siedlern, bald einmal züchteten sie selbst mit großer Passion.

brachten. Offenbar aber verschwanden diese ebenso wieder wie die rauhen Krieger aus dem Norden.

Von nachhaltiger Wirkung hingegen war die Ankunft der Spanier in Amerika. Anfänglich reagierten die Indianer mit verständlichem Entsetzen, als sie die ersten Reiter sahen. Das mußten ja göttliche Wesen sein! Sie merkten dann aber sehr schnell, daß auch ein Spanier ohne Pferd kein Reiter mehr ist, sondern nur ein Mensch, und daß das vierbeinige Geschöpf ein Wesen aus Fleisch und Blut war, genauso wie der Bison. Und sie kamen rasch dahinter, daß diese «großen Hunde» außerordentlich praktisch waren.

Früher war allgemein die Meinung verbreitet, die Pferde der Indianer seien Mustangs ge-

Rechts
Das Pferd veränderte das Leben der Prärieindianer grundlegend. Es bedeutete Macht, Reichtum und Freiheit.

Nächste Doppelseite
«Der letzte Mohikaner»: Für die Indianer in den Reservaten hat das Pferd keine große Bedeutung mehr.

wesen, die gefangen, gezähmt und eingeritten wurden. Im 17. Jahrhundert existierten aber erst sehr wenige verwilderte Pferde, und daß es später so viele Mustangs gab, war zu einem beträchtlichen Teil den Indianern zuzuschreiben. Die Nomaden bauten keine Zäune; ihre Pferde liefen frei herum, nur die besten wurden nachts im Lager angepflockt. Da machten sich gelegentlich sicher einzelne Pferdegruppen selbständig. Pferde leben ja nicht in großen Herden, sondern in kleinen Familienverbänden.

Die meisten Indianerpferde laufen auch heute noch frei herum, nur die besten werden angepflockt, und nur wenige haben im Sommer einen einfachen Unterstand als Schutz vor der sengenden Hitze.

Aber wie kamen die Indianer zu ihren Pferden? Die spanische Regierung verbot ihren Siedlern in Amerika, den Indianern Pferde zu geben und ihnen das Reiten beizubringen. Im Südwesten der heutigen USA entstanden zahlreiche spanische Siedlungen, auf denen Rinder und Pferde gezüchtet wurden. Hier herrschten zwischen den Spaniern und den Indianern größtenteils gute Beziehungen. Man trieb Tauschhandel, und für die Arbeiten auf den Haziendas wurden auch Indianer angeheuert. Diese lernten den Umgang mit den Reittieren, wurden gelegentlich auch einmal mit einem Pferd entlohnt und zeigten sehr schnell eine große natürliche Begabung für das Reiten. Sie lernten es «wie die jungen Enten das Schwimmen».

Bisher waren die Nomaden zu Fuß durch die Jagdgründe gezogen, mußten ihren Besitz selbst tragen und die viel schnelleren Bisons trickreich überlisten. Daß für diese Jäger das Pferd ein «Geschenk der Götter» war und auch als solches behandelt wurde, ist nicht verwunderlich. Es war sehr viel leichter, vom Pferderücken aus Bisons zu jagen, und sehr viel einfacher, Bisonfelle, die Tipis und andere Dinge mit Pferden zu transportieren. Diese bedeuteten Wohlstand. So überfielen die Indianer bald einmal auch Haziendas und stahlen Pferde. Später entwickelte sich der Pferdediebstahl bei den Nachbarstämmen zu beliebten Beschäftigungen bei den jungen Männern. Und selbstverständlich versuchte man dabei, die besten und schönsten und daher im Lager wohlbehüteten Tiere zu erwischen.

Das Pferd spielte in der Kultur der Prärieindianer eine enorm wichtige Rolle. Es wurde auch in speziellen Zeremonien mit Tänzen und Gesängen geehrt.

Daß die Nez-Perce-Indianer gezielt und gekonnt Pferde züchteten und daß dabei der Appaloosa entstand, ist allgemein bekannt. Im Zusammenhang mit der Appaloosa-Rasse werden wir noch näher darauf eingehen. Aber auch zahlreiche andere Indianer waren passionierte Züchter. Nur die besten Hengste wurden zur Zucht verwendet, alle anderen in der Regel kastriert. Bei der Zuchtauswahl achtete man auf Schnelligkeit und Ausdauer, aber ebenso auf Schönheit. Beliebt waren vor allem bunte Pferde, Tiere mit viel Weiß am Kopf oder auch Schimmel und Albinos.

Die Pferde wurden meistens im Alter von einem Jahr eingeritten, und zwar von halbwüchsigen Jungen. Wenn möglich führte der «Bereiter» vom Rücken eines Begleitpferdes aus den Jährling ins Wasser und wechselte dort auf dessen Rücken. Das junge Pferd ermüdete so natürlich sehr schnell und fügte sich bald in sein Schicksal. Mit der eigentlichen Ausbildung wurde aber erst etwa zwei Jahre später begonnen. Je nach Eignung, nach Größe, Schnelligkeit und Kraft, wurde das Pferd speziell ausgebildet. Die besten Tiere wurden Jagd- und Kriegspferde, weniger gute gaben gewöhnliche Reitpferde ab, besonders starke Exemplare nahm man als Packtiere oder zum Ziehen der Schleppgestelle.

Spanische Zäume und Sättel waren bei den Indianern sehr beliebt, aber nur die reichsten konnten sich dies leisten. Die häufigste Zäumung bestand aus einem langen Seil, das aus Rohhautstreifen geflochten war. Das Seil wurde ein- oder zweimal um den Unterkiefer des Pferdes geschlungen, die beiden Seilenden bildeten den Zügel. Dabei war eines der Enden viel länger als das andere. Es wurde zusammengerollt und unter den Gürtel gesteckt; stürzte der Reiter vom Pferd, so konnte er das Tier daran festhalten. Genau denselben Trick wenden übrigens die Vaqueros mit dem Seil der Hackamore-Zäumung an.

Geritten wurde oft auf dem blanken Pferderücken, häufiger auf einer dicken, festgegurteten Decke, an der auch Steigbügel befestigt sein konnten. Für ältere Leute und Kinder bauten die Indianer Sättel mit Holzrahmen, die vorn und hinten stark hochgezogen waren und einen sicheren Halt boten.

VAQUERO, BUCKAROO, COWBOY

Wer sich einen Cowboyfilm anschaut, kriegt in aller Regel sehr wenig von der Wirklichkeit zu sehen. Da werden am laufenden Band Viehdiebe gejagt, Indianer vertrieben, bockende Wildfänge geritten, Schießereien veranstaltet und die Möbel von Saloons zertrümmert. Das Leben eines Cowboys spielte und spielt sich ganz anders ab, sehr viel ruhiger und oft sehr einsam.

Wer hingegen glaubt, es gebe keine Cowboys mehr, der täuscht sich. Die Zeit der großen Viehtrecks, welche die Cowboys zu den legendenumwobenen Helden gemacht hat, ist längst vorbei. Man findet wohl da und dort noch eine abgelegene Bar wie aus dem Film, wo die Cowboys einander abends bei einem Bier treffen, doch die meisten dieser schönen, alten Einrichtungen sind öden Fastfood-Restaurants gewichen. Das Vieh braucht nicht mehr über viele hundert Kilometer weit zur nächsten Bahnstation oder in die nächste große Stadt getrieben zu werden, sondern wird auf der Ranch in riesige Lastwagenzüge verladen und direkt in die großen Schlachthäuser gebracht.

Auf vielen Ranches arbeiten Mexikaner als Cowboys. Sie gelten als besonders geschickte Lassowerfer.

Aber das Fleischvieh westlich des Mississippi wächst nach wie vor auf der Open Range auf, in riesigen Weidegebieten und unter freiem Himmel. Vor wenigen Monaten haben wir in Nevada Ranches besucht, die über zweihundert Kilometer Durchmesser hatten. Das Gelände war hügelig und nur von wenigen Straßen durchzogen. Das Vieh hier ohne Pferde zu beaufsichtigen, wäre schlichtweg unmöglich. Im Sommer werden hier die Rinder in höher gelegene Weidegebiete getrieben, die so abgelegen sind, daß die Cowboys nicht zu den Ranchhäusern zurückreiten, sondern einige Monate lang bei den Herden bleiben und im Freien schlafen. Wie in alten Zeiten werden sie vom Chuck Wagon begleitet, vom Küchenwagen, auf dem der Koch die Vorräte verstaut hält und morgens und abends eine kräftige Mahlzeit zubereitet. Nicht immer geht es so romantisch her und zu. Die Ranch ist mit schier endlosen Zäunen umschlossen und aufgeteilt, die regelmäßig kontrolliert und repariert werden müssen – die verhaßteste Arbeit des Cowboys. Alle paar Monate muß das Vieh zusammengetrieben, sortiert, gebrannt, kastriert und geimpft werden. Auf einer Ranch mit fünftausend Rindern sind es vielleicht sechs oder sieben Cowboys und ein paar Dutzend Pferde, die diese ganze Arbeit erledigen. Und es müssen Leute und Tiere sein, die ihren Job verstehen.

Dieser geht auf eine alte Tradition zurück, auf den Vaquero, den spanisch ausgebildeten Rinderhirten. Und an einigen Orten in Kalifornien sind die alten Überlieferungen noch sehr lebendig.

LINKS
Der dunkelhäutige, sehr traditionsbewußte Vaquero, der sich genau nach den alten Regeln kleidet und in jahrhundertealter Manier die Pferde ausbildet, existiert immer noch.

Der Vaquero

Villalobes hatte schon im Jahre 1523 die ersten acht spanischen Rinder in die Neue Welt gebracht, um damit in Mexiko die erste Zucht zu begründen. Die Geschichte lief nur langsam an, kam aber ungefähr 150 Jahre später so richtig in Schwung. Von Mexiko aus waren spanische Siedler nach Norden vorgedrungen, nach Kalifornien, das damals noch lange nicht zu den Vereinigten Staaten von Nordamerika gehörte. Die «Vacas», die Rinder, die sie auf ihren oft riesigen Haziendas hielten, mußten gehütet werden, und für diesen Job bildeten die Spanier in klassischer Manier Indianer zu Rinderhirten aus, eben zu «Vaqueros». Gelegentlich zog man auch einmal Prärieindianer, also Jäger, zur Arbeit auf einer Hazienda bei. Diese waren zwar die geborenen Reiter, aber für den Job als Rinderhirt zu freiheitsliebend und zu wenig zuverlässig. Es waren mexikanische und kalifornische Indianer, Angehörige seßhafter Stämme, die von den Spaniern angeworben und in die Kunst der Rinderarbeit mit dem Pferd eingeweiht wurden. Sie brachten nicht nur ein angeborenes Talent zum Reiten mit, sondern auch großes handwerkliches Geschick. Und so lernten sie nicht nur, im klassischen spanischen Stil zu reiten, sondern auch nahezu alles, was sie für ihren Job an Ausrüstung brauchten, selbst herzustellen. Außer dem Sattel, den Sporen und Gebißstücken gab es kaum etwas, was die Vaqueros nicht eigenhändig machten. Aus einer rohen Rinderhaut schnitten sie breitere und schmalere Streifen, und damit knüpften und flochten sie Lassos, Hackamores, Bosals, Zäume, Zügel usw., nicht selten mit großer Kunstfertigkeit. Alte spanische Handwerkskunst wurde hier weiterentwickelt, und jeder Vaquero ritt mit besonderem Stolz ein Pferd, dessen Zaumzeug ein kostbares Schmuckstück darstellte.

Insbesondere im Spanischen, das in Mexiko gesprochen wird, spricht man das V als weiches B aus. Dem Vaquero sagt man also Bakero, und

J. W. Finney hat zwar einen irisch klingenden Namen, ist aber indianischer Abstammung mit einem Schuß afrikanischen Blutes. Wie es sich für einen echten Vaquero gehört, reitet er das junge Pferd auf der gebißlosen Hakkamore ein. Auf dem Bild hat er auf Two Reins gezäumt, er ist also dabei, von der Hackamore auf die endgültige Zäumung, die Kandare, umzustellen.

Obere Reihe Damit der Vaquero den Ausbildungsstand an einem Pferd erkennt, wird dessen Mähne in besonderer Manier geschoren. Das ungeschorene Pferd wird noch nicht geritten. In der Einreitphase auf Hackamore ist der untere Mähnenteil zwei Hand breit geschoren.

Auf der Stufe Double Reins – Hackamore und Kandare – läßt man im geschorenen Teil zwei Haarbüschel stehen. Ist das Pferd fertig für die Kandare ausgebildet, steht nur noch ein Haarbüschel.

das wurde dann, wie so manches andere spanische Wort, amerikanisiert und in Buckaroo umgewandelt. Meistens aber bezeichnet man bis heute den dunkelhäutigen Rinderhirten als Vaquero, weißhäutige Cowboys aber, die den alten Stil noch pflegen, als Buckaroos. Es gab nämlich mit der Zeit immer mehr weiße, angelsächsische Cowboys, welche die ausgezeichnete Reitkunst der dunkelhäutigen Vaqueros erkannten, mit diesen auf den Haziendas Bügel an Bügel ritten und sie so Schritt für Schritt ebenfalls erlernten.

Der Vaquero mußte ein Frühaufsteher sein, besonders im Sommer, wenn über Mittag wegen der Hitze mehrere Stunden Siesta eingelegt wurden. Oft stand er so um zwei oder drei Uhr in der Nacht auf, denn es mochte ein weiter Weg sein zur Gegend, wo das Vieh gerade weidete. Pferdetransporter gab es ja damals noch nicht, und der Ritt konnte Stunden dauern. Es gibt Ranches, wo das heute noch so ist.

Zuerst wurde die «Cavida», die Pferdeherde, von der Weide in einen Korral getrieben, und der Vaquero suchte sich das Tier aus, das er an diesem Tag reiten wollte. Er band es in der Scheune an und gab ihm eine ordentliche Portion Heu, während die restlichen Pferde wieder auf die Weide zurückkehrten. Nach dem Heu erhielt das Tagespferd noch etwas Hafer und wurde gesattelt. Anschließend vertilgte der Vaquero ein gewaltiges Frühstück, denn vor dem Abend gab es wohl nichts mehr zu beißen.

Vaqueros hatten meistens kein eigenes Pferd, und selbst wenn dies der Fall war, so ritten sie immer wieder andere Tiere. So konnten einerseits Pferde geschont, anderseits Jungtiere eingeritten werden. Die Pferde in der Herde der Hazienderos waren natürlich ganz unterschiedlich alt und hatten dementsprechend einen unterschiedlichen Ausbildungsstand. Die Schulung des Vaqueropferdes bis hin zum Reittier, das sämtliche Arbeiten einwandfrei ausführen kann, dauert drei bis sechs Jahre, je nachdem, wie gelehrig es ist und wie oft und intensiv mit ihm gearbeitet wird. Je nach Ausbildungsstand wird das Pferd speziell gezäumt. In der ersten Phase wird es auf der gebißlosen Hackamore, heute auch oft auf «Snaffle Bit» (Wassertrense) geritten, in der zweiten auf «Two Reins», also mit zwei Zäumungen gleichzeitig, nämlich mit dem Bosal und der Kandare, wie es hier auf der Fotografie zu sehen ist, und in der letzten Phase, wenn es bereits auf die feinsten Hilfen reagiert, nur auf Kandare.

Wie wollte nun ein Vaquero bei den oft fünfzig oder mehr Pferden der Hazienda wissen, wie weit jedes einzelne Pferd ausgebildet war, wie er es zäumen mußte und was er von ihm erwarten konnte? Die Leute arbeiteten mit einem ebenso einfachen wie sicheren Trick. Mit dem Beginn der Einreitphase wurde die Mähne vom Widerrist her aufwärts etwa zwei Handbreit geschoren. Das bedeutete: Hackamore oder Snaffle Bit, und diesen Teil scherte man so lange immer weiter, bis die erste Phase beendet war. Stellte man auf Two Reins oder Double Rein um, so ließ man in der abgeschorenen Stelle zwei fingerdicke Haarbüschel wachsen. Mit dem Wechsel auf die Kandare ließ man nur noch einen Haarbüschel stehen.

Auf die verschiedenen Zäumungsarten, ebenso auf Gebisse, Sporen, Chaps und Sättel, werden wir weiter hinten im Kapitel «Saddle and Tack» gründlicher eingehen.

Die ganze Ausbildung im alten Vaquerostil setzt großes Können voraus und ist sehr aufwendig. An den meisten Orten ist daher der Stil stark vereinfacht worden. Aber es gibt immer noch Ranches, auf denen Vaqueros und Buckaroos die alte Tradition pflegen und am Leben erhalten.

Die ersten Cowboys

1540 zog Francisco Vasquez Coronado von Mexiko aus nordwärts, um die sagenhaften «Sieben goldenen Städte» einer alten Indianerkultur zu finden. Als lebenden Fleischvorrat ließ er dreihundert der langhornigen, spanischen Rinder mittreiben.

Aber Coronado war vom Pech verfolgt. Im Hochland des mexikanischen Nordens geriet die Expedition in ein schweres Unwetter, das die Rinder zu panikartiger Flucht veranlaßte. Eine Stampede, der größte Alptraum jedes Viehhirten! Die Herde der halbwilden Rinder wieder zur Ruhe zu bringen, war für Pferd und Reiter lebensgefährlich und konnte Tage beanspruchen. Ohne Verluste ging es kaum ab. Im Falle Coronados konnten die Leute nur noch einen kleinen Teil der Tiere wiederfinden, der Rest verwilderte. Noch schlimmer für den Schatzsucher: Er fand die Goldenen Städte nie.

Das entlaufene Vieh hingegen gedieh in den Prärien von Texas prächtig. Die Bestände wurden dreihundert Jahre später auf fünf Millionen Köpfe geschätzt. Niemand brauchte in dieser Gegend zu hungern, man konnte das Fleisch einfach einfangen. Geld war damit allerdings nicht zu machen: Ein schlachtreifes Rind brachte dem Fänger gerade zwei bis drei Dollar.

Die Städter an der Ostküste und die hungrigen Goldgräber in Kalifornien hatten dagegen sechzig bis achtzig Dollar für ein Rind zu bezahlen. Es gab eine logische Folgerung daraus: Wer Geld machen wollte, mußte das Vieh dorthin bringen, wo es Mangelware war.

Im Jahre 1846 ließ ein gewisser Edward Piper eine Herde nach Ohio treiben und machte damit ein gutes Geschäft. Die Zeit der ersten angelsächsischen Cowboys hatte begonnen. Auch W. H. Snyder hoffte, durch die Nachfrage der Goldgräber reich zu werden. Er und seine Männer trieben 1849 eine Herde nach Kalifornien. Sie benötigten dazu zwei Jahre. Von den Strapazen, welche Mensch und Tier dabei durchmachten, kann man sich nicht einmal eine vage Vorstellung machen. Ob sich die Geschichte schließlich finanziell gelohnt hat, ist unbekannt. Jedenfalls hat es Snyder kein zweites Mal versucht.

1855 zogen einige waghalsige Cowboys mit einer Herde Longhorns von Texas bis nach New York. Auch über ihren Profit ist nichts bekannt.

Der amerikanische Bürgerkrieg (1861 bis 1865) brachte erst einmal das Viehgeschäft zum Erliegen. Der Süden, Texas inbegriffen, war danach wirtschaftlich am Boden. Mancher heimkehrende Soldat fand seine Ranch zerstört, sein Vieh gestohlen oder in alle Winde zerstreut. Aber die Rancher erfuhren auch, daß der Bedarf nach Fleisch im reichen Nordosten größer war als je zuvor.

Der technische Fortschritt half mit, dem Viehgeschäft innerhalb weniger Jahre zu gro-

Unentbehrlich für jeden Cowboy: das Rope oder Lasso, sein «langer Arm», und die Pferde.

Die etwa vierzigköpfige Herde von Arbeitspferden wird von der Weide geholt und in ein rundes Gehege gebracht, das lediglich aus Pflöcken und einem brusthoch gespannten Seil besteht. Hier drin reihen sich die Pferde, nur durch geringste Signale unterstützt, in der Reihenfolge ihrer Rangordnung mit den Köpfen nach außen am Seil auf. Jetzt fängt einer der Cowboys ein Pferd nach dem anderen vom Boden aus mit dem Lasso heraus. Zwei Männer verabreichen dem Tier die Wurmkur ins Maul, und danach stellt es sich hinten an der Reihe wieder an. Das alles läuft so reibungslos und ruhig ab, daß kein Pferd zwei Wurmkuren erhält oder leer ausgeht. Und nach einer Stunde sind vierzig Pferde behandelt.

ßer Blüte zu verhelfen. Eisenbahnlinien wurden durch die Prärien gelegt, Fabriken zur Fleischverarbeitung entlang der Bahnlinien gebaut, und in eisgekühlten Waggons wurde das Fleisch in die rasch wachsenden Großstädte gefahren. Das Vieh mußte also nicht mehr jahrelang, wenn auch oft noch monatelang, von der Ranch zur Bahnstation getrieben werden. Und ein Viehtrieb war nach wie vor harte Arbeit und eine risikoreiche Angelegenheit. Vieles hing von einer geschickten Organisation ab. Wer einen Viehtrieb auf die Beine stellen und durchführen wollte, mußte den Mut zum Risiko, Ausdauer, Entschlossenheit und Mut haben – und rechnen können.

Ein gewisser Ike Pryor besaß offenbar diese Eigenschaften. Er rechnete aus, daß ein Viehtrieb aus dreitausend Stück Longhorns, einem Trailboss, neun Cowboys, einem Koch und sechzig bis 66 Pferden bestehen sollte, um den größtmöglichen Profit abzuwerfen. Der Trailboss erhielt hundert Dollar im Monat, der Koch fünfzig, die Cowboys je dreißig. Im Durchschnitt bezahlte er acht Dollar pro Stück Vieh, rund drei Monate später, an der Eisenbahnstation, erhielt er zwanzig Dollar dafür. Wenn er seine Unkosten und die üblichen Verluste abzählte, blieben ihm im Durchschnitt von einem Trieb 30 000 Dollar – das sind tausend Cowboy-Monatslöhne! Er konnte aber auch durch einen Sturm, eine Überschwemmung, eine Stampede, einen Indianerüberfall oder einen Preissturz beim Fleisch viel oder gar alles verlieren.

Es gab Viehzüchter in Texas, die ihre eigene Herde nach Norden zu einer der Bahnstationen trieben. Meistens aber kaufte ein Geschäftsmann das Vieh von verschiedenen Züchtern zusammen und heuerte die Leute für den Trieb an. Er mietete ein geräumiges Gehege, in welchem das Vieh vor dem großen Treck gesammelt wurde. Die Tiere hierherzubringen, war Aufgabe der Züchter, besser gesagt ihrer Cowboys. Und das war schon ein fast unmöglicher Job. Bei weitem nicht überall standen die Tiere in der offenen Prärie; oft waren sie weit verstreut und im Dickicht verborgen. Man mußte sie zuerst einmal finden und aus dem dornigen Gestrüpp zum nächsten Trail treiben. Die nahezu wild aufgewachsenen Longhorns waren schnell und alles andere als kooperativ. Oft gab es keine andere Möglichkeit, als ein Rind mit dem Lasso zu fangen und aus dem Gebüsch zu holen. Die Texaner hatten dazu verhältnismäßig kurze, höchstens zehn Meter

lange Lassos, die in buschreichem Gelände handlicher waren. Normale Lassos sind im Gegensatz dazu etwa 14 Meter lang.

Wenn die Tiere besammelt waren, sortierte man sie nach Besitzern aufgrund der Brandzeichen. Damals waren bei weitem noch nicht alle Ranches richtig eingezäunt, und so konnte man in derselben Gegend Vieh von mehreren Züchtern finden. Sobald alles abgerechnet war und der Koch die Vorräte für seinen Chuck Wagon eingekauft hatte, konnte der Trieb losgehen. Von jetzt an hieß jedes Stück Vieh «Cow», also Kuh, egal ob es ein Kalb, ein Stier, ein Bulle oder wirklich ein ausgewachsenes weibliches Rind war. Es wurde auch nicht nach Qualität selektioniert. Jede «Kuh» stellte ein eigenwilliges, schlaksiges, hageres Stück Haut, Fleisch und Knochen mit einem respektablem Hörnerpaar dar.

Das Longhorn war alles andere als ein großartiges Fleischvieh. Es wuchs sehr langsam, und im Verhältnis zur Größe besaß es sehr wenig Fleisch auf den Rippen. Die spitzen Hörner hatten manchmal über zwei Meter Spannweite. Pferd und Reiter mußten sich davor in acht nehmen, ein schlechtgelauntes Longhorn war ein nicht zu unterschätzender Gegner. Die Hörner waren auch ein Handycap, wenn die Tiere in einem Korral oder in Eisenbahnwaggons zusammengepfercht wurden: Häufig verletzten sie einander. Aber kein anderes Rind war nur annähernd so zäh, konnte Hitze, Kälte, Stürme und Trockenheit so gut ertragen und war so widerstandsfähig gegen das gefürchtete Zeckenfieber. Das alles machte das Longhorn zu einer legendären Erscheinung.

In Nevada wurden wir Zeugen einer alten und traditionellen, in unseren Tagen kaum mehr ausgeübten Methode, um eine größere Zahl von Pferden in möglichst kurzer Zeit medizinisch zu behandeln oder zu brennen. Bei unserem hier dokumentierten Besuch wurden die Tiere entwurmt. Nicht etwa, weil es schneller geht, macht man es heute anders, sondern weil nur noch wenige Horsemen der alten Schule diese Kunst wirklich beherrschen.

Nächste Doppelseite
Wintereinbruch auf der YP Ranch in Nevada.

Auf dem Trail

Jeder erfahrene Trailboss war darauf bedacht, das Vieh auf den ersten vierzig oder fünfzig Kilometern tüchtig vorwärtszutreiben. Rinder haben die Angewohnheit, nach Hause zurückzukehren, wenn sie dazu die Möglichkeit haben. Wenn sie erst einmal ordentlich müde sind, lassen sie das bleiben. Und je weiter sie sich von der heimatlichen Ranch entfernen, desto geringer wird der Drang zur Rückkehr. Nach den ersten Tagen nahm man es etwas ruhiger, aber für eine Strecke von 4500 Kilometern rechnete man drei Monate, und das ergibt einen erstaunlichen Tagesdurchschnitt von fünfzig Kilometern. Die Strecke konnte kürzer, aber auch sehr viel länger sein, denn wenn immer möglich sollte es am Rastplatz Wasser für die Rinder und Pferde, vielleicht auch für ein erfrischendes Bad zugunsten der Cowboys geben – obschon man ihnen ja nachsagt, daß sie solche Gelegenheiten eher selten benützten und manchmal monatelang nicht aus den Kleidern schlüpften.

Vorbei sind die Zeiten der großen Trails, aber der Job des Cowboys bedeutet heute noch oft genug harte Arbeit.

Üblicherweise ritten die zwei erfahrensten Cowboys vorn zu beiden Seiten der langgezogenen Herde. Das waren die Point Riders. Entlang der Herde waren die Line Riders verteilt, während zuhinterst die Greenhorns die Herde vorwärtstreiben mußten. Diese jungen und unerfahrenen Cowboys, oft auf einem gerade halbwegs zugerittenen Mustang, konnten am Anfang des Trails häufig kaum mehr als laut «jahaaa» schreien; am Schluß hatten sie mit Sicherheit schon einiges dazugelernt.

Die ersten Tage waren immer die schwierigsten. Die Kühe, vor allem die halbwüchsigen Stiere, waren nervös und bei jeder sich bietenden Gelegenheit zu einem Aufstand bereit. Mancher Trailboss war darauf bedacht, einige alte Bullen in der Herde zu haben. Das selbstbewußte Wesen dieser ranghöchsten Tiere beruhigte den Rest der Herde.

Um die müde Viehherde am Abend brauchte man sich vorerst nicht groß zu kümmern. Die Tiere grasten, wo sie gerade waren, und ließen sich dann nieder, um wiederzukäuen und zu schlafen. Zwei junge Cowboy, die Wranglers, waren gewöhnlich zuständig für die Pferde. Sie schlugen in einem weiten Kreis einige Pfosten in den Boden und spannten ein Seil als einfachen Weidezaun. Die beiden Enden wurden meistens an den Rädern des Chuck Wagons festgebunden. Wenn nicht aus irgendwelchen Gründen eine Panik ausbrach, sprang niemals eines der Pferde über das Seil, auch wenn dieses zwischen den Pfosten durchhing und sich oft kaum mehr als kniehoch über dem Boden befand. Pferde springen eben nicht von Natur aus; auch bei wildlebenden Pferden kann man beobachten, daß sie selbst um ein niedriges Hindernis lieber einen großen Umweg machen, als es zu überspringen. Nur wenige Wranglers «hobbelten» die Pferde. Hobbels sind Fesseln aus Seil, Rohhautstreifen oder Leder, mit denen die Vorderbeine locker zusammengebunden wurden. Damit können die Pferde mit kleinen Schritten gehen und weiden, sich aber nicht weit entfernen.

Nach dem Abendessen – mit großer Regelmäßigkeit gab es gebackene Bohnen, Speck und Biskuits, und von einem kulinarischen Höhenflug konnte kaum die Rede sein – wurden die Nachtwachen oder Night-Herders aufgestellt. Sie lösten einander alle zwei bis vier Stun-

den ab. Der Job war heikel, denn die Herde mußte so ruhig als möglich überwacht werden. Das kleinste unerwartete Geräusch, das Kläffen eines Kojoten, ein Donnergrollen oder auch nur das Anzünden eines Streichholzes, konnte die Herde nervös machen und eine Stampede auslösen. Um dem vorzubeugen, sangen die Night-Herders kleine, ruhige Schlaflieder für die «Dogies», wie die Kälber genannt werden.

Gewöhnlich waren es nur einige wenige junge Stiere, die ein besonders unangenehmes Temperament hatten und unbrauchbar waren. Diese wurden allmählich aus der Herde herausgefangen und landeten beim «Cookie» – eine herrliche und seltene Abwechslung zum ewigen Speck.

So sorgsam die Night-Herders aufpaßten, so ruhig und ernsthaft sie ihre Schlummerlieder sangen, mit einer Stampede mußte man immer rechnen. Wenn das geschah, hatte jeder Cowboy so schnell als möglich auf dem Pferd zu sein. Man versuchte dann, die Spitze der Herde zu erreichen und sie so zu treiben, daß sie sich Kreis müde rannte. Stampedes fanden meistens nachts statt, und das machte die Sache noch wesentlich schwieriger. Meistens rannte die Herde viele Meilen weit, lockerte sich immer mehr auf, war schließlich in alle Winde zerstreut und mußte am nächsten Tag – oder in den nächsten Tagen – mühsam eingesammelt werden. Fast jede Stampede hatte Verluste zur Folge, nicht selten auch an Pferden. Im rasenden Galopp durch die Dunkelheit konnte das Reittier leicht in die Höhle eines Präriehundes treten, ein Bein brechen und mußte dann erschossen werden. Nicht umsonst ließen die Viehzüchter die Präriehunde in weiten Gebieten ausrotten.

Besonders während Gewittern kam es vor, daß man die Herde nach einer Stampede beruhigt hatte, und schon ging es aufs neue los. Eine Herde in Texas veranstaltete 18 Stampedes in einer einzigen Nacht. Eine andere rannte über sechzig Kilometer weit, bis sie sich endlich beruhigte.

Wie glücklich mußte der Cowboy sein, wenn er nach hundert Tagen Trailride nach Hause kam.

Die Ranch Mailboxes sind unübersehbar und nicht selten phantasievoll gestaltet. Besonders bemerkenswert ist der Extra-Briefkasten für die Luftpost oben links.

Ganz rechts
Eine Familienranch in den Bergen im Norden von Neumexiko.

Ranchos, Ranches

Aus den Chaparajos wurden Chaps, aus der Jaquima die Hackamore, aus der Mecate die McCarty – und aus dem Rancho die Ranch. Dutzende spanischer Wörter wurden in die Sprache der Cowboys und Cattlemen (Viehtreiber) aufgenommen und meistens anglisiert.

Ranches gibt es in allen nur denkbaren Größen. Vor allem in bergigen Gegenden findet man oft kleine Familienbetriebe. Manches Blockhaus, manche Scheune und mancher Korral wurde von einem einzigen Mann aufgebaut. Mit drei, vier Dutzend Rindern hat er vielleicht angefangen, mit zwei-, dreihundert schlägt er sich und seine Familie jetzt durchs Leben.

Ideale Viehzuchtgebiete sind die flachen Prärien des Südwestens. Hier bauten die großen Viehbarone ihre Imperien auf, Ranches von manchmal mehreren hundert Kilometern Durchmesser, auf denen über 100 000 Stück Vieh grasten.

Cowboys heute

Der Cowboy sei heute nur noch ein matter Abklatsch dessen, was er einmal war, sagt man. So harte Typen, wie es sie auf den großen Viehtrecks brauchte, sind heute nicht mehr nötig. Ein Cowboy reitet in unseren Tagen normalerweise auch keine wildgefangenen Mustangs mehr ein – obschon sich mancher im Rodeo auf lebensgefährliche Auseinandersetzungen mit Pferden einläßt. Aber das ist eine andere Geschichte. Der moderne Cowboy kriegt nicht mehr Tag für Tag Bohnen mit ranzigem Speck

Das ist keine Filmszene aus alten Zeiten, sondern heutige Wirklichkeit auf einer großen, abgelegenen Ranch in Nevada. Es gibt sie noch, die Cowboys, die manchmal zwölf Stunden am Tag im Sattel sitzen.

Rechts
Schecken sind häufig unter den Cowboypferden und bei den indianischen Vaqueros besonders beliebt.

Rechts
Rund fünfhundert Kälber werden an einem Tag von ihren Müttern getrennt und bei dieser Gelegenheit einzeln in einen Verschlag getrieben und dort geimpft.

vorgesetzt und Brötchen, die «unten verbrannt, oben voll Sand, in der Mitte teigig und total versalzen» sind, wie es in einer Redensart heißt.

Aber Cowboys tragen immer noch den weitkrempigen Hut, die spitzen, halbhohen Stiefel mit Rädchensporen und lederne Chaps; sie verstehen auch nach wie vor ihren Job, und der ist oft genug auch heute noch mit harter Knochenarbeit verbunden. Den Hut nimmt er weiterhin nur bei einer Beerdigung ab, und heute noch fühlt er sich nur im Sattel wohl. Ein Cowboy zu Fuß ist meist linkisch und unbeholfen. Gehen ist für ihn nicht nur unnatürlich, sondern geradezu unmoralisch. Die einzige akzeptable Form der Fortbewegung für einen Mann geschieht auf dem Rücken des Pferdes. Und während der o-beinige, krummrückige Cowboy sich zu Fuß nur schwer zurecht findet, verwandelt er sich auch dem Pferd augenblicklich in einen schneidigen Reitkünstler.

Nächste Doppelseite
Oktober in Nevada: Die Kälber sind von den Müttern getrennt worden. Die Luft ist erfüllt vom Muhen und Blöken der Tiere, die einander rufen.

Die Pferde, die von den Cowboys geritten werden, sind auch heute noch nur zum kleinen Teil Quarters. Die Stock Horses oder Cowponys waren früher fast ausschließlich Mustangs. Erst in den vierziger Jahren begann man in Texas, intensiv Quarter Horses aus dem Osten einzukreuzen. Damit wurde der alte, eckige Typ mit dem schweren, oft ramsnasigen Kopf merklich verändert. Das Cowpony wurde etwas größer – um 145 Zentimeter Stockmaß, Mustangs hatten oft nur um 135 Zentimeter –, runder und setzte eine kräftigere Muskulatur an, der Kopf wurde kürzer, breitstirniger, der Charakter einfacher und freundlicher. Die Ausdauer, Trittsicherheit, Härte und unglaubliche Genügsamkeit des Mustangs, gemischt mit dem Spurtvermögen, der Wendigkeit und der großen Lernbereitschaft des Quarter Horses erbrachten ein Cowpony, wie es sich der Cowboy nur wünschen kann. Den kompakten, verhältnismäßig kurzbeinigen Schlag gibt es in den verschiedensten Farben, vom Rappen bis zum Schimmel oder Albino und zudem als Schecken. Getupfte Exemplare verraten, daß es auch Appaloosa-Blut bei den Cowponys gibt.

Ein ganz wesentlicher Charakterzug des Cowponys ist sein «Cow Sense», sein «Kuhverstand», also die angeborene Fähigkeit, am Rind zu arbeiten, genau wie ein Hirtenhund den Hütetrieb mit auf die Welt bringt. Wer schon einmal auf einem guten Cowpony auf der Ranch hinausgeritten ist, um das Vieh zu suchen, der weiß, wie freudig erregt das Reittier reagiert, sobald es die Kühe auch nur wittert oder hört.

Natürlich versucht man in der Zucht, den Cow Sense zu erhalten oder wenn möglich noch zu verbessern. Tiere mit wenig Cow Sense werden gar nicht zur Weiterzucht verwendet.

Wild eingefangene Mustangs zu bändigen und einzureiten, ist eine äußerst schwierige, gefährliche und manchmal unmögliche Angelegenheit. Mancher Mustang ist schlichtweg unreitbar – aber er gibt dann ein gutes Bucking Horse fürs Rodeo ab. Wenn es nicht unbedingt nötig war, verzichtete man auf derartige Experimente und holte die künftigen Reitpferde aus dem eigenen oder aus des Nachbarn Zuchtbestand. Auch heute noch hat praktisch jede Ranch einen Bestand an Zuchtstuten, der groß genug ist, den eigenen Bedarf an Nachwuchspferden zu decken. In kleinen Familienbetrieben werden auch die Zuchtstuten geritten, oft bis kurz vor dem Abfohlen und schon bald danach wieder. Hier wird meistens kein eigener Hengst gehalten. Man läßt die wenigen Stuten in der Nachbarschaft decken. Mancher kleine Rancher züchtet gar keine Pferde, sondern kauft Jungtiere nach Bedarf – nicht selten übrigens von Indianern.

Noch heute versteht jeder gute Cowboy mit dem Lasso umzugehen, denn oft ist es am einfachsten, ein Kalb mit dem Seil herauszufangen, wenn man es zum Beispiel behandeln muß.

Auf größeren Ranches hält man gewöhnlich eine Zuchtstutenherde, mit der während der Decksaison oder auch das ganze Jahr hindurch der Zuchthengst frei laufen kann. Auf diese Weise können die Tiere ihr artspezifisches Paarungsverhalten entfalten. Das hat zur Folge, daß gesunde Stuten jedes Jahr tragend werden. Heute noch werden sonst fast überall auf den Gestüten Hengste und Stuten getrennt gehal-

Beim Team Roping fängt ein Cowboy das junge Rind am Kopf, danach wirft ein zweiter seine Schlinge um die Hinterbeine. Wenn die Seile gespannt sind, liegt das Tier wehrlos am Boden, so daß man es problemlos untersuchen, markieren oder sonstwie behandeln kann.

ten. Zu dem vom Züchter oder Stallmeister berechneten Zeitpunkt des Eisprungs wird die Stute zum Hengst geführt, manchmal sogar mit gefesselten Beinen vor ihn hingestellt, und der ebenfalls am Führstrick festgehaltene Hengst hat die Stute so zu decken. Und das Ergebnis dieser «wissenschaftlichen» Methode: Der Bedeckungserfolg liegt zwischen fünfzig und siebzig Prozent . . .

Neben der Zuchtherde hält man eine Herde von Reitpferden, die der Größe der Ranch und des Viehbestandes entspricht. Auf einen Cowboy rechnet man etwa fünf bis zehn Pferde.

Muß der Reitpferdebestand ergänzt werden, reitet man ein etwa vierjähriges Pferd ein. Ein guter Horseman weiß, daß ein dreijähriges oder gar ein zweijähriges Tier noch nicht fertig entwickelt ist und daß es später zu chronischen Rückenproblemen oder zu Schäden an den Beinen, vor allem an den Sehnen kommen kann, wenn man ein Jungpferd überfordert. Weil die Ausbildung zu einem fertigen Cowpony mehrere Jahre dauert, soll das Tier auch möglichst lange gesund und leistungsfähig bleiben. Sehr viele Cowboypferde werden weit über zwanzig Jahre alt und verrichten immer noch ihre Arbeit, während so manches Pferd in der Sportszene schon mit sechs oder sieben Jahren wegen chronischer Lahmheit geschlachtet wird.

Das Einreiten des jungen Pferdes nannte man früher Brechen. Dafür gibt es zwei Erklärungsansätze. Die erste: Das Pferd wurde aus der Herde geholt, der Kontakt zu seinen Artgenossen damit gebrochen. Und die zweite: Dem Tier wurde möglichst umgehend und ein für allemal der Willen gebrochen. Nachdem man es mit dem Lasso gefangen und in einen Korral gebracht hatte, fesselte man mit Hobbles seine Vorderbeine oder band ein Hinterbein mit einem Seil an den Bauch hoch. Nun wurde der Sattel aufgeschnallt, ein Halfter angezogen und der «Bronc Buster», der Spezialist für diese Methode, setzte sich aufs Pferd. Man löste die Fesseln – und ab ging die Post. In panischem Entsetzen darüber, was mit ihm geschah, versuchte das Pferd, das bisher kaum je von einem Menschen berührt worden war, unter wildem Buckeln Reiter und Sattel loszuwerden. Nicht selten flog der verwegene Cowboy mehrmals im hohen Bogen in den Sand, bis das Pferd endlich «gebrochen» war und, schweißüberströmt und am ganzen Leibe zitternd, stehen blieb.

Noch heute gibt es Cowboys, die auf diese schnelle, abenteuerliche Weise Pferde einreiten. Die meisten nehmen sich heute jedoch mehr Zeit und wenden anstelle von Gewalt Pferdeverstand an. Zuerst nimmt man dem jungen Pferd die Furcht, indem man es streichelt und beruhigend mit ihm spricht. Am besten ist es natürlich, wenn schon mit dem ganz jungen Fohlen möglichst viel hantiert wird, so daß es von Anfang an Vertrauen zum Menschen hat. Dazu ist aber auf der Ranch kaum Zeit. Die Fohlen wachsen halbwild bei den Stuten auf, werden gewöhnlich als Jährlinge herausgefangen, leben mit den Altersgenossen weiterhin frei auf der Weide und kennen weder Halfter noch Stall.

Obschon diese Vierjährigen also fast Wildfänge sind, staunt man immer wieder, wie schnell sie sich an die Nähe des Menschen gewöhnen. Schon nach kurzer Zeit lassen sie sich am Halfter im Korral führen und verlieren die Angst vor der Hand, die sie immer wieder am ganzen Körper streichelt und tätschelt. Dann holt man die Satteldecke, zeigt sie dem Pferd, läßt dieses daran schnuppern, solange es will,

Hunde sind auf den Ranches allgegenwärtig. Mancher davon ist ein so gut ausgebildeter Hirtenhund, daß er beim Viehtreiben problemlos einen Cowboy ersetzt. Besonders beliebt, weil besonders begabt, sind Australian Shepherds und Border Collies.

schwenkt sie hin und her, sachte zuerst, allmählich lebhafter. Fast jedes Pferd merkt bald, daß das nichts Gefährliches ist. Schließlich wird die Decke dem Tier ruhig auf den Rücken gelegt, wenn erforderlich mehrmals, bis es sich auch daran gewöhnt hat. Dann zeigt man ihm den Sattel, läßt es auch daran riechen, legt diesen unter beruhigendem Zureden auf den Rücken und schnallt ihn lose fest. Bei einem mutigeren Pferd geht das auf Anhieb, bei einem ängstlichen braucht man etwas mehr Zeit.

Eine sehr wichtige Sache ist das «Aussakken». Man schwenkt dem Pferd einen Jutesack oder ein Stück Plastikfolie um den Kopf und zwischen den Beinen herum, um es an flatternde Dinge zu gewöhnen. Ein Pferd, das bei jedem aufflatternden Stück Papier die Nerven verliert, kann man nicht brauchen. Je mehr Zeit man sich für diese Übung nimmt, desto weniger Probleme hat man später. Ebenso tut man gut daran, das Pferd an die langen, gelben Regenmäntel zu gewöhnen, die bei den Cowboys beliebt sind.

Zwischendurch wird das Pferd immer wieder einmal angebunden und einfach stehen gelassen, manchmal eine ganze Stunde, manchmal auch einen halben Tag. Es wird sich am Anfang dagegen wehren, aber auch das lernt es zu akzeptieren und bleibt später stundenlang gelassen stehen, wenn es sein muß.

Erst nach mehreren Tagen – das Pferd hat sich inzwischen an das Gewicht des Sattels gewöhnt – steigt der Zureiter aufs Pferd, das von einem Helfer gehalten wird. Vielleicht buckelt es ein wenig, trotz der Vorbereitung, aber in der Regel nimmt das Tier die Sache erstaunlich gelassen, wundert sich mehr über das, was da geschieht und ist im übrigen damit beschäftigt, unter dem Reiter sein Gleichgewicht zu halten.

In diesem Stadium nennt man das Pferd «Green Broke». Es wird schon wenig später zusammen mit anderen Pferden hinausgeritten, um die Vieharbeit kennenzulernen.

Hier sind Horsemen an der Arbeit, Leute, die wissen, was in einem Pferd vorgeht und die es verstehen, auf eine völlig natürliche Art mit ihm umzugehen. Die Tiere werden gut und freundlich behandelt, aber nicht verhätschelt. Sie werden erzogen und lernen konsequent, daß der Mensch das «ranghöhere Pferd» ist. Diese Tiere wissen, wo sie stehen, was sie zu tun haben und fühlen sich in ihrer Situation wohl und sicher, auch wenn die Arbeit oft hart ist. Sie leiden nicht unter Verspannungen und Verhaltensstörungen und brauchen keinen Therapeuten, der sie mit einer Gerte kitzelt und ihnen die Ohren krault.

Leben und Arbeit des Cowboys haben sich seit Beginn unseres Jahrhunderts erheblich geändert. Genauso ging es mit dem Vieh. Die Longhorns, diese imposanten, zähen und wilden Rinder, werden in den Legenden weiter leben und sicher auch noch beim einen oder anderen Liebhaber; auf den Ranches sind sie aber längst durch wirtschaftlichere Rassen ersetzt worden.

Schon früh machten sich zum Beispiel im Osten die Shorthorns aus England beliebt, weil sie gleichzeitig eine gute Fleischqualität und viel Milch liefern.

Die größte Ranch in den USA ist die King Ranch in Texas, die – nebenbei bemerkt – berühmt ist für ihre Quarter-Horse-Zucht. Wimpy P-1, der allererste Hengst, der von der American Quarter Horse Association anerkannt und registriert wurde, war hier gezüchtet worden. Die Besitzer dieser Ranch hatten 1910 ein ungewöhnliches Geschenk erhalten: einen riesenhaf-

NÄCHSTE DOPPELSEITE
Das gehört regelmäßig zum Cowboyjob: Hinausreiten ins Weideland, Kühe zählen und nach den Kälbern sehen.

Herbst auf der Ranch von Joyce Vieira in Kalifornien. Einige Kälber sind noch nicht gebrannt und kastriert. Sie werden dafür hereingebracht.

ten Bullen. Das Tier war aus der Kreuzung eines Brahmabullen mit einer Shorthornkuh hervorgegangen. Brahmas sind ursprünglich aus Indien stammende Buckelrinder. Die Leute von der King Ranch waren von der Größe und Masse des Bullen so beeindruckt, daß sie Shorthornkühe von ihm decken ließen. Warum sie den Prachtsbullen Monkey – Affen – nannten, ist nicht nachvollziehbar. Die Kreuzungsrasse, die daraus entstand, erhielt den Namen Santa Gertrudis, und bis heute sind diese Tiere dafür bekannt, daß sie besonders große Kälber hervorbringen und das heiße Klima in den südwestlichen USA besonders gut ertragen.

Die Herefords aus England, zähe Lieferanten von viel rotem Fleisch, wurden populärer als alle anderen und entwickelten sich zum Fleischrind des Westens schlechthin. Weitere Rassen spielen nach wie vor ihre Rolle, darunger das Aberdeen Angus, das im Westen zuerst nur zögernd und erst allmählich lebhaftere Zuneigung fand. Bei den Viehzüchtern im Osten sind Angusrinder schon sehr lange beliebt, weil sie im Verhältnis zu ihrem Gesamtgewicht eine ungewöhnlich große Menge guten Fleisches liefern. In jüngerer Zeit haben auch die Viehzüchter im Westen einige Vorteile bemerkt: Anguskühe gebären besonders leicht, und es gibt sehr wenige Verluste durch Fehlgeburten. Dank ihrer schwarzen Hautfarbe sind sie weniger empfindlich gegen den gefürchteten Augenkrebs und gegen Sonnenbrand an den Eutern. Dieser entsteht nicht selten durch reflektierendes Sonnenlicht auf dem Schnee und ist manchmal so schmerzhaft, daß die Kuh ihr Kalb nicht mehr an die Zitzen läßt, so daß es verhungern kann.

Die King Ranch war nicht der einzige Ort, wo Brahmakreuzungen entstanden. Ein gewisser Ed C. Lasater in Colorado kreuzte Brahmabullen mit Herefords und Shorthorns und baute wissenschaftlich und unter strenger Selektion eine neue Rasse auf, die er voller Stolz Beefmaster taufte. Das deutsche Wort – Rindfleischmeister – taugt nicht sehr viel.

Von einem französischen Züchter namens Pugibet, der eine Hazienda in Mexiko besaß, kaufte die King Ranch 1936 zwei riesenhafte Charolais-Bullen, beide über tausend Kilo schwer. Auch diese Rasse errang eine gewisse Beliebtheit, weil sie bei verhältnismäßig wenig Fett viel rotes Fleisch liefert.

Ein Rancher in Colorado war von den Charolais so beeindruckt, daß auch er ein Zuchtpro-

Die Rancherin Joyce Vieira erledigt in aller Selbstverständlichkeit auch jede Männerarbeit. Mit ebenso geübter Hand, wie sie das Lasso wirft, kastriert sie Stierkälber.

gramm mit Einkreuzungen aufbauen wollte. Er kaufte zu diesem Zweck zwanzig Bullen. Den Lastwagenfahrern des Viehs, den Cattle Trukkers, sagt man nach, daß sie ihre Uhren nicht gleich richten wie andere Leute. Jedenfalls kam auch der Truck mit den bestellten Bullen an jenem Abend mit großer Verspätung erst nach Mitternacht an. Die Kolosse wurden in einen Korall gebracht, rannten da aber so wild herum, daß der Farmer sie hinaus auf eine große Weide laufen ließ.

Früh am nächsten Morgen sattelte der Rancher sein zuverlässigstes Cow Pony, ein so erfah-

Alles tut sie noch in traditioneller Weise. Das Kalb wird nicht in einem Verschlag fixiert, sondern von zwei Reitern mit einem Lasso am Boden festgehalten.

renes Buckskin (Falbe) Quarter Horse, wie man es nur finden kann, und ritt hinaus, um seine preisgekrönten Bullen zu bewundern. Als er eine Hügelkuppe erreichte, sah er sich plötzlich den fünf bis sechs Fuß hohen Fleischbergen gegenüber. Die Bullen waren so riesig, mächtig und unglaublich eindrucksvoll, daß der Buckskin alle vier Hufe in den Boden rammte und am ganzen Leib zu zittern begann. Daß ein Mann von so gewaltigen Bullen tief beeindruckt sein kann, ist *eine* Sache, aber eine ganz andere ist es, wenn ein erfahrenes, gestandenes Cow Pony die Fassung verliert.

Auf besonders prächtige Tiere ist natürlich jeder Züchter auch besonders stolz. Blitzblank gestriegelt und frisiert, werden die schönsten Exemplare auf Ausstellungen präsentiert. Die Rinder werden von Richtern bewertet, die besten mit Bändern geschmückt und mit Preisgeldern belohnt. Wer einen Champion-Bullen hat, kann dessen Nachwuchs für Zuchtzwecke zu einem bedeutend höheren Preis verkaufen. Kaum ein Besitzer wird aber seinen Champion auch wirklich verkaufen, obwohl dafür gelegentlich Summen von über 100 000 Dollar geboten werden.

Solche Beträge liegen natürlich weit über dem eigentlichen Wert. Eine unter Viehzüchtern geläufige Geschichte zeigt sehr deutlich, wie es zu solchen Phantasiepreisen kommt: John schaut sich beispielsweise die Inserate im «Western Livestock Journal» an und entdeckt einen Hereford-Bullen für 103 000 Dollar. Er sagt zu seinem Freund Brent: «Da glaubt natürlich jeder, daß dieser Züchter besonders wertvolles Jungvieh zu verkaufen hat.» «Mag sein, aber ich habe noch nie über fünfhundert Dollar bezahlt für einen Bullen», antwortet Brent. John erwidert darauf: «Paß' auf, was wir machen. Ich kaufe dir deinen aufgeblasenen sechsjährigen Whiteface-Bullen für 75 000 Dollar ab und rufe die ‹Daily Times› an. Da sind wir dann drin auf einer Foto, wo du den Check hältst und ich den Bullen.» Und Brent meint grinsend: «Und dann kauf' ich deinen krummrückigen Angus Bullen für 75 000 Dollar, und wir wiederholen dasselbe nochmals. So wird der Preis unserer Kälber ganz gewaltig steigen.»

Solche Sachen passieren tatsächlich. Nicht selten sind es Syndikate aus mehreren Geschäftsleuten, die teure Bullen kaufen und damit einen Profit machen wollen. Das kann bis zur Absurdität gehen. Glücklicherweise fallen die Investoren gelegentlich auch mal auf die Nase. So kaufte eine Gruppe von Spekulanten einen preisgekrönten Angus-Bullen für gute 50 000 Dollar, um hinterher feszustellen, daß er impotent war. Di Käufer hatten es versäumt, einen Fruchtbarkeitstest zu verlangen, und konnten den Bullen auch nicht zurückgeben. Wenn nichts anderes vereinbart ist, kauft man im Viehgeschäft die Tiere so, wie sie dastehen, und ohne weitere Garantie.

Eine besonders schöne Geschichte ereignete sich 1971. Der Hamburgerkonzern McDonald's kaufte auf einer Auktion einen schwarzen Angus-Bullen zum Preis von rund 25 000 Dollar und taufte ihn auf den Namen «Big Mac». Wenig später begann dieser seine prächtige schwarze Farbe zu verlieren und wurde schließlich weiß. Eine nähere Untersuchung brachte an den Tag, daß es sich um einen Charolais-Bullen handelte, der gefärbt worden war.

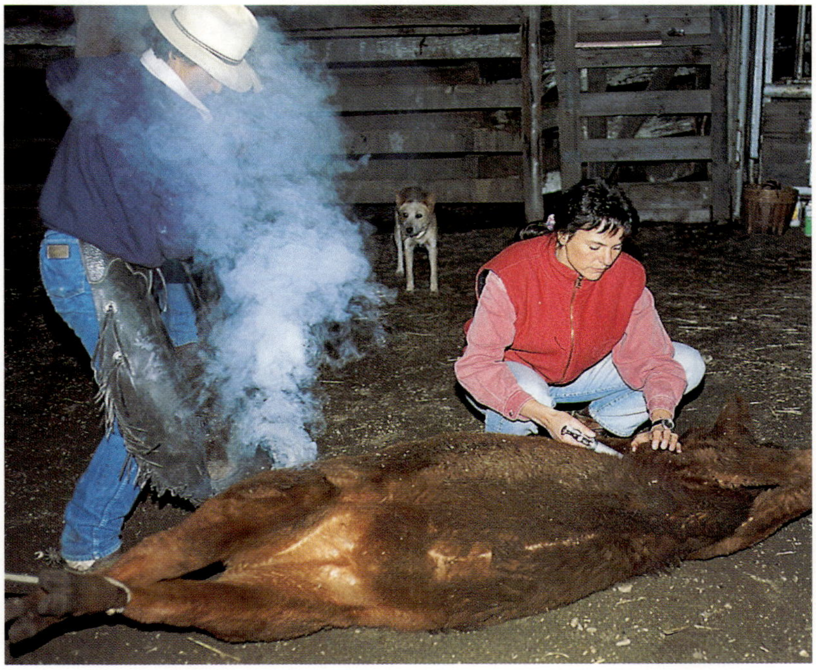

Team Work: Während Joyce das Brandzeichen setzt, verabreicht Monika die Schutzimpfung.

Nun aber wieder zurück zur Arbeit auf der Ranch. Genug zu tun gibt es das ganze Jahr über, aber die Aktivitäten wechseln mit den Jahreszeiten. Der Winter ist hart, besonders natürlich im Norden, in Nevada, Wyoming, Montana usw., wo die Temperaturen oft bei zwanzig oder dreißig Grad unter dem Gefrierpunkt liegen. Allein einen Traktor zum Laufen zu bringen, kann bei diesen Temperaturen Stunden dauern. Wenn Schnee liegt, muß das Vieh gefüttert werden. Ein Cowboy fährt den Traktor, der andere steht oben auf dem schwankenden Heuwagen und wirft die vierzig Kilogramm schweren Heuballen im Fahren hinunter, während die Kühe von allen Seiten angelockt werden wie die Kinder vom Eiscrememan. Wenn

Jeder Rancher hat sein eigenes, registriertes Brandzeichen, das dem Kalb auf die Haut geprägt wird. Es gibt elektrische Brandeisen, aber sehr viele Rancher machen heute noch im Feuer ihr Eisen glühend.

dann noch der Wind mit fünfzig Stundenkilometern daherfegt und dem Cowboy Eisschnee ins Gesicht bläst, ist sein Vergnügen am Viehgeschäft mit Sicherheit getrübt. Hat er eine Herde von tausend Stück Vieh zu füttern, so muß er 250 Ballen Heu aufladen und auf den Weiden abwerfen, denn jede Kuh braucht täglich zehn Kilogramm Futter.

Auf den Ranches im Norden Kaliforniens, die wir letztes Jahr besuchten, kamen die meisten Kälber im Oktober zur Welt. Bei der Mehrheit der Ranchgebiete jedoch liegt die Wurfzeit im März und April. Wo es das Klima erlaubt, gebären die Kühe ihre Kälber draußen auf den Weiden. Das ist nicht nur der einfachste, sondern auch der sicherste Weg und in den südwestlichen Staaten gang und gäbe. Im Norden, wo Kälber bei einem Wettersturz in dieser Jahreszeit leicht erfrieren können, obschon ihnen einige Minusgrade nichts anhaben, werden die Kühe zum Gebären in große Scheunen gebracht. Die Cowboys reiten den Herden entlang und suchen mit geübtem Auge die «schweren Kühe» heraus, also diejenigen, welche wahrscheinlich während den nächsten zwölf bis 24 Stunden werfen. Diese Kühe holt man aus der Herde, indem man ihnen mit dem Pferd den Weg zu den anderen Tieren abschneidet. Cutting nennt man das, und aus dieser Arbeit hat sich der moderne Cutting-Sport in der Westernreiterei entwickelt, auf den wir später noch eingehen werden. Die von den andern «abgeschnittenen» Kühe werden ruhig und langsam zu den Scheunen getrieben, damit sie sich nicht aufregen und gar verwerfen.

Die Tiere werden von den Cowboys sorgfältig beobachtet. Ein besonderes Augenmerk wird den Erstgebärenden geschenkt, meist erst zweijährigen Kühen, die sich manchmal noch

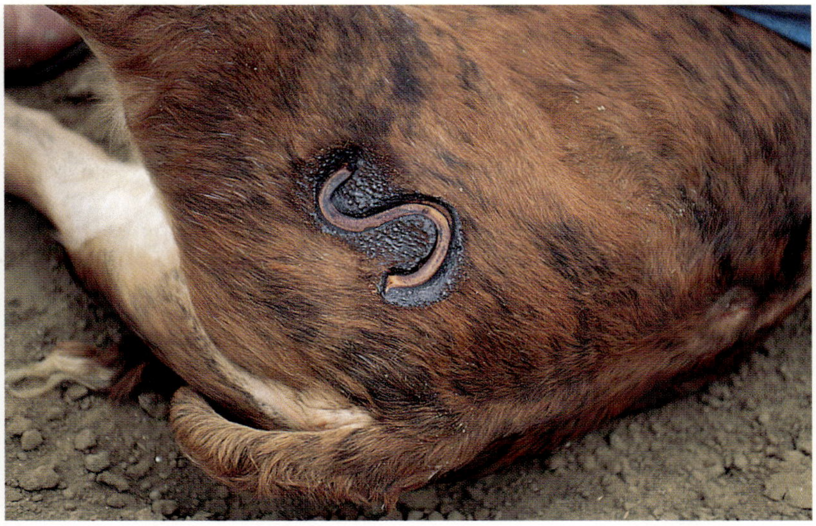

etwas schwer tun und bei denen der Cowboy nötigenfalls Geburtshilfe leistet. Das geschieht im Freien ebenso wie in der Scheune.

Etwa im Mai werden auf den meisten Ranches die Kälber gebrannt. Jeder Züchter hat sein eigenes, registriertes Brandzeichen. Es kann immer mal vorkommen, daß Tiere durch eine defekte Stelle im Zaun oder ein offengelassenes Tor auf eine andere Ranch geraten. Der ehrliche Nachbar wird das melden – er kann die Tiere mit dem fremden Brandzeichen ohnehin nicht verkaufen.

Für das Branding wird das erste große Roundup im Jahr veranstaltet: Alle Kuhherden müssen nun zusammengetrieben werden. In den alten Zeiten wurden die Kälber draußen auf den Weiden eines nach dem andern mit dem Lasso eingefangen und gebrannt. Das macht man fast nirgends mehr so. Heute treibt man die Herden in speziell konstruierte Korrals und trennt die Kälber von den Müttern ab, indem man die Kühe einzeln durch ein Tor treibt und es schließt, bevor das Kalb durchschlüpfen kann. Dieses wird durch ein anderes Tor in ein drittes Gehege getrieben. Natürlich entwischen immer ein paar Kälber. Die holt man dann mit dem Lasso zwischen den Kühen heraus – ein Kunststück ganz besonderer Art.

Die Kälber werden nun in eine enge Gasse getrieben, die im «Squeeze» endet, in der Presse. Das ist ein Gehege aus waagrechten Metallstangen, dessen Wände zusammengeschoben werden, sobald ein Kalb drin ist. Das Jungtier wird so festgehalten wie ein Toas, und die ganze Geschichte kann gekippt werden, so daß das Kalb waagrecht liegt, was die nun folgende Arbeit erleichtert. Dafür sind etwa sechs Cowboys gefragt. Das Kalb wird nämlich nicht nur gebrannt, sondern gleichzeitig auch gegen Rin-

Entläuft das Kalb mit dem eingebrannten S, so weiß jeder Nachbar, daß das Tier Bobby Sields in Texas gehört. Diebstahl wird mit dem Brennen zwar nicht ganz verunmöglicht – denn man kann Brandzeichen verändern – aber er wird wesentlich erschwert.

derseuchen geimpft und, wenn es sich um ein Stierkalb handelt, auch gleich noch kastriert. Zwei Cowboys treiben die Kälber vorwärts, einer brennt, einer impft, einer kastriert und einer hält das Feuer am Brennen und die Eisen rotglühend. Idealerweise sind bei einem Branding auch zwei, drei hübsche Cowgirls dabei: Sie heben die Arbeitsmoral und sind eine große Hilfe beim Öffnen der Bierdosen. Aber natürlich gibt es auch die ganz besondere Sorte von Frauen, die bei jeder anfallenden Arbeit genau so zupackt wie ein Cowboy.

Joyce Vieira, eine Rancherin portugiesischer Abstammung in Kalifornien und eine schillernde Persönlichkeit, übernimmt dabei eigenhändig den Job des Kastrierens. Ein Cowboy, der bei unserem Besuch danebenstand, murmelte zwischen Kautabak und Zähnen hindurch: «Mir wird Himmelangst, wenn ich einer Frau dabei zuschaue».

Für das Kalb ist das Ganze offenbar ein derartiger Schock, daß es nicht einmal ans Blöken denkt. Zum erstenmal im Leben wird es von der Mutter getrennt, in diese «Toasterklemme» hineingetrieben und dort gleichzeitig geimpft, gebrannt und kastriert. Die Prozedur dauert aber im Schnitt nicht länger als eine Minute, und schon wird das Kalb befreit und darf zur rufenden Mutter laufen. Ein eingespieltes Team «präpariert» an einem Tag rund fünfhundert Kälber.

Das Branding kann am Abend nahtlos in eine gemütliche Party übergehen. Auf dem Feuer, das den ganzen Tag schon gebrannt hat, brutzeln jetzt riesige Steaks, und weitere Bierdosen werden geöffnet.

Ein besonderes Fest haben wir bei Joyce Vieira erlebt. Sie lud uns und das halbe Dutzend Cowboys am Abend ins Ranchhaus ein, wo sie über Mittag einen riesigen Truthahn kunstvoll gewürzt und in Packpapier verpackt in den Backofen geschoben hatte. Es war der herrlichste Truthahn, der uns je zwischen die Zähne geraten ist. Der fruchtige kalifornische «Cabernet Sauvignon» dazu war das Tüpfelchen auf dem i.

Im Sommer laufen die Herden frei. Gelegentlich werden sie in eine andere Weide getrieben, und dann und wann reiten die Cowboys hinaus, um die Kühe zu zählen und nach den Kälbern zu sehen. In den meisten Gebieten wird im Sommer eine Menge Zeit zum

Heuen aufgewendet. Je weiter nördlich die Ranch liegt, desto mehr Heu braucht das Vieh im Winter. Natürlich verwendet man dazu Mähmaschinen, Heuwender und Ballenpresser, aber es ist heiß und staubig und bedeutet immer noch eine Menge harter Arbeit. Der Cowboy ist vom Heuen etwa gleichermaßen begeistert wie vom Zäuneflicken im Winter.

Der Höhepunkt des Jahres ist das Herbst-Roundup. Jetzt werden die Herden wieder gesucht, zusammengetrieben und in die Korrals gebracht. Erneut werden die Kälber von den Müttern getrennt, diesmal für die meisten endgültig. Das ist eigentlich der härtere Job als Heuen oder Zäuneflicken, aber es ist Cowboyarbeit. In den Korrals erstickt man fast im Staub, wenn es noch trocken ist, oder man klebt im Schlamm, wenn es schon zu regnen begonnen hat, oder aber man steckt im schmelzenden Schnee. Die Tore sind schwer und müssen aberhunderte Male geöffnet und geschlossen werden. Ein geschickter Cowboy steht zu Fuß am Tor, zwei, drei andere trennen auf geübten Cutting Horses die Kälber von den Kühen. Die Luft ist erfüllt von vielhundertfachem Muhen der Muttertiere und Kälber. Ein kleiner Teil der Jungen wird zur Weiterzucht aussortiert und kommt später zurück auf die Weiden. Die meisten werden lotweise versteigert. Der Rancher kann jetzt praktisch sein Jahreseinkommen überblicken. Wie groß dieses ist und ob er überhaupt aus den roten Zahlen kommt, hängt von manchen Dingen ab, hauptsächlich vom Wetter, zu einem guten Teil aber auch von der Arbeit der Cowboys.

Schon lange hat man das Ende des Cowboys vorausgesagt, aber solange Beef auf der Ranch aufwächst, werden Leute in ihre Jacken, Stiefel und Chaps schlüpfen, sich aufs Pferd setzen und hinausreiten.

RODEO – DIE WILDEN SPIELE

Rechte Seite
Fast immer sehen die Stürze weit fürchterlicher aus, als sie wirklich sind. Erstaunlich selten verletzt sich ein Reiter tatsächlich schwer, und noch weit weniger passiert den Pferden.

Der Ausdruck *rodear* kommt aus dem Spanischen und bedeutet Einkreisen oder Zusammentreiben. Als Rodeo bezeichneten die mexikanischen und kalifornischen Vaqueros ihre Roundups, also das Zusammentreiben des Viehs von den großen Weiden. Das war natürlich jedesmal der Anlaß zu einem Fest. Neben dem Essen, Trinken, Musizieren und Tanzen gehörten auch Wettbewerbe dazu. Die Beteiligten wollten ihre Reitkünste zeigen und sich im Lassowerfen mit anderen messen. Solche Wettkämpfe wurden feste Bestandteile des Rodeos – und für die angelsächsischen Cowboys hatte schließlich das Rodeo nichts mehr mit Roundup zu tun, sondern wurde zum Sammelbegriff für eine ganze Reihe von Wettkampfarten, die aus der Arbeit des Cowboys entstanden waren.

Der Bronc steht im Verschlag, und der Cowboy sitzt bereits auf ihm, betreut von den Helfern. Innerhalb der nächsten acht Sekunden entscheidet es sich, ob der Reiter 50 000 Dollar oder nur ein Trinkgeld mit nach Hause nimmt.

Die ersten größeren Rodeos im heutigen Sinne wurden bereits um 1880 veranstaltet, gerieten aber wieder in Vergessenheit. «Frontier Day» war das erste Rodeo, das in die Geschichte einging, jährlich wiederholt wurde und bis heute lebendig geblieben ist. Es wurde in Cheyenne (im Bundesstaat Wyoming) auf die Beine gestellt. Ein gewisser Mister Slack, Herausgeber der dort ansässigen Zeitung *Sun Leader,* soll im Sommer 1897 zusammen mit seiner Frau im Städtchen Greeley in Colorado ein Volksfest besucht haben, das als «Potato Days» am Ende der Kartoffelernte stattfand und bereits eine gewisse Tradition hatte. Slack war der Auffassung, auch die Stadt Cheyenne müsse ihr eigenes Fest haben. Und weil sie der Viehzucht ihren Wohlstand verdankte, sollte diese Veranstaltung den Cowboys und dem Pioniertum des Westens gewidmet werden.

Das erste Fest in diesem Rahmen fand am 23. September statt und lockte einige Tausend Besucher an. Neben mehreren Pferderennen konnte man die Cowboys beim Satteln und Reiten bockender Mustangs und beim Einfangen von Kälbern mit dem Lasso beobachten. Den Siegern bei diesen Wettkämpfen winkten Preise von einigen wenigen bis höchstens fünfzig Dollar. Dazwischen wurden dem Publikum handfeste Auseinandersetzungen zwischen Sheriffs und Banditen, Postkutschenüberfälle, Szenen einer Schlacht aus dem Bürgerkrieg und weitere erbauliche Darbietungen vorgeführt.

Von den zahlreichen Rodeos, die vor allem in der westlichen Hälfte Nordamerikas, aber auch in Australien und Neuseeland und in ähnlichen Formen von Mexiko bis hinunter nach Patagonien durchgeführt werden, ist «Frontier Days» in Cheyenne das älteste und traditionsreichste. Die größte und bekannteste Rodeoveranstaltung jedoch ist die «Calgary Stampede» in der gleichnamigen Stadt der kanadischen Provinz Alberta. Das Riesenspektakel, auf dem Areal eines gewaltigen Vergnügungsparks, verbunden mit einer Landwirtschaftsmesse und verschiedensten Attraktionen, dauert jeweils zehn Tage und lockt im Juli jeweils rund eine Million Besucher aus aller Welt in die Stadt. Beim Final können die besten jeder Disziplin 50 000 Dollar gewinnen.

Es gibt verschiedenste Möglichkeiten, den blanken Rücken des Pferdes wieder zu verlassen. Acht Sekunden muß sich der Bareback Rider darauf halten. Ob er es schafft, hängt davon ab, wie gut er die jähen Bewegungen und Richtungsänderungen vorausahnt und ob er den Griff zu halten vermag.

Bareback Riding

Wer diese Tiere im Korral hinter den Tribünen sieht, im Stehen dösend, als könnten sie kein Wässerchen trüben, mit hängenden Köpfen, während ihre Schweife Fliegen vertreiben, kann sich schwer vorstellen, was passiert, wenn vielleicht eine Stunde später ein Wettkampfteilnehmer sich auf ihren Rücken setzt, worauf Pferd und Reiter draußen in der Arena ihre Vorstellung geben. Ganze acht Sekunden dauert das Spektakel, aber endlos müssen sie dem Cowboy vorkommen, wenn er wie ein Spielball herumgeschleudert wird und sich bemüht, um jeden Preis oben zu bleiben. Denn ob es ein großes Rodeo mit stattlichen Preissummen ist oder eine kleine, ländliche Veranstaltung, wo dem Sieger nur ein paar Dollar winken, spielt gar keine so große Rolle. Sich auf dem Pferderükken zu halten, bis die Glocke schrillt und dem Hexentanz ein Ende bereitet, ist Ehrensache. In den Sand geschleudert zu werden, wird dagegen als eine bittere Niederlage verstanden, auch wenn rund ein Drittel der Konkurrenz dasselbe Schicksal erleidet.

Bareback Riding heißt das Reiten auf dem bloßen Rücken. Die Broncs, wie diese bockenden Pferde genannt werden, treibt man vom Korral in eine Reihe von engen Gitterverschlägen an einer Seite der Arena. Hier legt man jedem Pferd um die Brust eine Gurte, die oben am Widerrist mit einem festen Lederhandgriff versehen ist. Eine weitere, mit Schaffell gepolsterte Gurte wird vorerst lose kurz vor den Hinterbeinen um den Bauch der Stute oder des Wallachs gelegt. Sie Gurte wird unmittelbar vor dem Start angezogen, und zwar so weit, daß man noch eine flache Hand darunterschieben kann. Diese Gurte ist es vor allem, die dem Pferd lästig ist und die es mit wilden Bocksprüngen loszuwerden versucht. Es bockt dann, solange es sie spürt, auch wenn der Reiter den Ritt beendet hat und vielleicht bereits eine Weile im Staub liegt.

Bevor das Spektakel losgeht, klettert der Cowboy über die Abschrankung und läßt sich vorsichtig auf den Pferderücken nieder. Seine Nervosität ist unübersehbar und nur verständlich, denn jetzt folgt eine auf jeden Fall gefährliche Situation. Der Rodeoreiter schiebt seine Hand in den dafür vorgesehenen Griff und sucht diesen eisern zu umklammern. Und nur, wenn er sich acht Sekunden lang daran fest-

Bildreihe links
Da geht nicht nur die Aussicht auf einen Scheck verloren, da schmerzen nicht nur ein paar Knochen, auch der Stolz des Helden erhält einen bösen Tiefschlag. Ein schwacher Trost, daß es manchem anderen nicht besser ergeht.

Nächste Doppelseite
Festhalten, auch wenn ihm fast der Arm ausgerissen wird. Von großer Reitkunst kann keine Rede sein, um so mehr von Geschicklichkeit und geradezu von Tollkühnheit.

Schafft er es, schafft er es nicht, dieser Bareback Rider an der «Calgary Stampede» in Kanada? Immerhin bedeutet das Dabeisein am größten Rodeo der Welt schon einiges.

Endlos sind die acht Sekunden Einsatz des Bareback Riders, bis endlich die Glocke schrillt und der rettende Pickup Man zu Hilfe kommt.

halten kann, hat er überhaupt eine Chance, oben zu bleiben. Mit den Beinen allein und mit entsprechenden Gleichgewichtsverlagerungen ist es nicht zu schaffen. Die Vorschrift verlangt von ihm, daß er sich nur mit einer Hand festhalten darf, während die andere deutlich sichtbar nach oben gestreckt werden muß.

Ist der Cowboy bereit, gibt er mit dem Kopf ein Zeichen, der Verschlag wird aufgerissen, das Startzeichen mit der Flagge gegeben. Jetzt wird die Zeit gemessen: Das Pferd schießt hinaus und beginnt seinen Höllentanz, und wie ein Papierfetzen im Sturm wird der Cowboy herumgewirbelt, und man wundert sich, daß ihm dabei nicht sämtliche Knochen im Leib gebrochen werden. Ohne Prellungen und Zerrungen geht es kaum ab, und daß es nicht zu schwereren Verletzungen kommt, grenzt schon fast an ein Wunder.

In dem tobenden Pferd sieht der Cowboy aber nicht nur seinen Gegner, sondern gleichermaßen seinen Wettkampfpartner. Denn je wilder das Tier bockt, desto mehr Punkte stehen für den Reiter in Aussicht – sofern er nicht abgeworfen wird. Schrillt nach endlosen acht Sekunden die offizielle Glocke, kommen die beiden Pickup Men herbeigeritten und schieben sich auf die beiden Seiten des wütenden Bronc. Während sich der Cowboy auf eine der herannahenden Pferdekruppen wirft und sich am rettenden Pickup Man festhält, löst der andere die Bauchgurte des wütenden Pferdes. Fast immer beruhigt sich der Bronc dann sofort. Sein Job für heute ist getan, und in gelassenem Trab verläßt er die Arena.

Saddlebronc Riding

Die Spielregeln sind hier die gleichen wie beim Bareback, aber der Saddlebronc trägt, wie der Name schon sagt, einen Sattel. Dieser Bronc-Sattel hat eine rauhe Oberfläche und einen tiefen Sitz, jedoch kein Sattelhorn wie der normale Westernsattel – es könnte den Cowboy um seine Männlichkeit bringen. Der Reiter hat dadurch mit Gesäß und Schenkeln einen viel besseren Halt, allerdings fehlt ihm dafür jeder feste Handgriff. Er hält sich mit einer Hand an einem meterlangen, dicken Seil, das am Halfter befestigt ist. Die Anforderungen an der Reiter und die Zahl der Stürze sind etwa gleich groß wie beim Bareback.

Saddlebronc und Bareback Riding sind die Hauptattraktionen der Rodeos. Aber jede andere Disziplin hat ebenfalls ihren Reiz und ihre Anhänger. Heutzutage sind die Rodeos bestens organisierte Sportveranstaltungen. Die Teilnehmer kommen oft von weit her, und die Auftritte locken riesige Besucherscharen an. Die «Rodeo Cowboy Association» hat ganz klare Regeln aufgestellt, die von den Teilnehmern und Organisatoren eingehalten werden müssen. Dadurch sollen für jeden Cowboy die gleichen Bedingungen geschaffen sowie Reiter und Tiere vor Verletzungen geschützt werden.

Sehr viele Rodeoreiter sind heute Profis. Damit verbunden ist ein ziemlich aufreibender Job, und sie verdienen niemals so viel wie die besten Rugby-, Tennis- oder Golfspieler der Welt. Wenn sie finanziell einigermaßen klar kommen wollen, müssen sie ständig auf Achse sein, von einer Veranstaltung zur nächsten reisen. Heute gibt es Rodeos in allen Teilen Nordamerikas, von den Arenen in San Francisco bis in den Madison Square Garden von New York City. Mancher Rodeoreiter lebt daher praktisch aus seinem Koffer. Einige der erfolgreichsten fliegen in ihrem eigenen Flugzeug von Stadt zu Stadt, denn in den größeren Orten ist auch mehr Geld zu holen. Und schließlich gibt es die ganz Unermüdlichen, die vom Frühling bis in den Herbst in den Vereinigten Staaten reiten und dann für die Wintersaison nach Australien und Neuseeland ziehen, um während der dortigen Rodeosaison dabeizusein.

Rodeo ist ganz ohne Zweifel eine der rauhesten und härtesten Sportarten, aber gleichzeitig eine der saubersten, das heiß am wenigsten kor-

Das Pferd beim Saddlebronc Riding ist zwar gesattelt, der Halt damit viel besser als auf dem blanken Pferderücken, dafür fehlt jeder feste Griff. Bereit steht nur ein loses, am Halfter befestigtes Seil, an dem sich der Reiter mit einer Hand halten darf. Stürze sind daher etwa gleich häufig wie beim Bareback Riding.

Shell

rupten. Jeder Rodeoreiter ist ein Einzelgänger, ein Individualist. Es gibt keine Teams wie etwa beim American Football. Der Rodeocowboy ist eine unabhängige Person. Er kann nicht wie ein Fußballer von einer Firma oder von Spekulanten gekauft und verkauft werden. Er handelt und wettet nicht, und er läßt sich nicht versklaven. Wirklich reich werden kann der Rodeoteilnehmer von seinem Sport zwar nie, aber er muß auch keinen Trainer oder Manager bezahlen, denn er ist immer sein eigener Coach. Da er nicht angestellt ist, braucht er auch keinen Hinauswurf zu befürchten, und darauf ist er mit gutem Grund stolz.

Oben
Die nervenaufreibenden Augenblicke vor dem Start des Saddlebronc Riders...

Rechts
... und die Erlösung nach dem Höllentanz: geschafft! Wie viele Punkte er gemacht hat, wird sich aber erst herausstellen.

Das Tier, das der Rodeoman reitet, ob es nun ein bockender Bronco, ein tonnenschwerer Stier oder das eigene, perfekt ausgebildete Reitpferd ist, stellt im Grunde genommen das Sportgerät dar, an dem Mut und Geschicklichkeit erprobt werden. Aber im Unterschied zu einem Barren, einem Motorrad oder einem Tennisschläger reagiert dieses «Gerät» nie gleich. Es ist ein Lebewesen mit seinen eigenen Vorstellungen, mit seinen Ängsten, seiner Wut oder seiner Gelassenheit. Dieser besonderen Herausforderung hat sich der Cowboy zu stellen. Er muß den Charakter des Tieres richtig einschätzen, seine Reaktionen erahnen können. Aber natürlich spielt auch das Glück eine Rolle dabei. Wenn das Los dem Cowboy einen nur mäßig bockenden Bronco zuteilt, kriegt er wenige Punkte – bekommt er hingegen einen wirklich matten Gaul, darf er den Ritt auf einem anderen Pferd wiederholen.

Dennoch mißt sich der Reiter nicht eigentlich mit dem Tier, sondern mit den anderen Cowboys und damit mit sich selbst. Nur von seinem eigenen Können und seinem Mut hängt es ab, ob er eines Tages Ruhm erntet.

12
13

Rodeopferde

Ein mit fünf oder sechs Jahren eingefangener Mustang ist ein äußerst schwer zu bändigendes Tier. Mancher ist schlichtweg unreitbar. Er bockt und tobt und wirbelt herum. Selbst wenn er auf einen Reiter trifft, den er nicht hinunterkriegt oder der mit sturer Beharrlichkeit immer wieder aufsteigt, bis der Bronco vor Erschöpfung stehenbleibt, ist er damit noch nicht gebrochen, und das ganze Theater geht am nächsten Tag wieder von vorne los. Solche Pferde waren für Rodeos schon immer am beliebtesten.

Früher verwendete man fast ausschließlich wildeingefangene Mustangs für die Bronc Riding Events. Heute züchtet man spezielle Pferde für diesen Zweck. Sie werden auf riesigen Ranchgebieten praktisch wild gehalten und kommen nie mit Menschen in Berührung, bis

Links
Ropersättel. Die Team Ropers und Calf Ropers, die im Wettbewerb halbwüchsige Stiere oder Kälber mit dem Lasso fangen, haben bestens ausgebildete Pferde zur Verfügung.

Unten
Früher waren es Mustangs, heute sind es Zuchtpferde, die das Bocken in ihrem genetischen Programm haben. Und erfahrene Rodeoreiter kennen die besonderen Tücken jedes Pferdes.

sie etwa sechs Jahre alt sind. Es gibt Händler, sogenannte Stock Contractors, die sich auf das Aussuchen von Rodeopferden spezialisiert haben. Sie versorgen die Veranstalter der größeren Rodeos damit. Diese Leute kennen natürlich die Züchter, bei welchen die unzähmbarsten – und damit gewöhnlich auch teuersten – Pferde zu finden sind.

Gelegentlich werden aus Tierschutzkreisen Stimmen laut, welche die Rodeos der Tierquälerei bezichtigen und diese Veranstaltungen am liebsten abgeschafft haben möchten. Rodeo ist gewiß eine rauhe Angelegenheit. Für die Pferde am schlimmsten ist der physische Streß beim Eingefangenwerden und beim Transportieren zu ihrem ersten Rodeo. Der Auftritt in der Arena dagegen ist zwar eine ruppige Geschichte, aber kaum schmerzhaft und in acht Sekunden auch schon vorbei. Kein Tier darf mehr als einmal pro Tag starten, und im Laufe einer Saison ist es kaum länger als eine Viertelstunde in der Arena.

Früh übt sich, wer einmal ein großer Rodeoreiter werden will.

Der Ritt ist vorbei: Mit ein paar zusätzlichen Prellungen am Leib versucht der Cowboy, ein Humpeln zu unterdrücken und eine gelassene Miene aufzusetzen.

Verglichen mit einem durchschnittlichen europäischen Freizeitpferd, welches oft mehr 23 Stunden am Tag und mehr in einer bis zur Decke vergitterten Box eingesperrt vor sich hinvegetiert, führen Rodeopferde ein geradezu paradiesisches Leben. Auch der Vergleich mit einem Dressurpferd, das täglich stundenlang exakt abgezirkelte Bewegungen üben muß und wegen Verletzungsgefahr nie auf eine Weide gelassen wird, fällt zweifellos zugunsten der Broncos aus.

Bei jedem größeren Rodeo werden die Pferde am Vortag durch das Zufallsprogramm eines Computers ausgelost, und am Abend vor dem Auftritt kann der Cowboy vom Veranstalter erfahren, welches Tier er zu reiten hat. Wenn nicht gerade ein paar neue Pferde dabei sind, kennt der Reiter wahrscheinlich den Bronco, der morgen für ihn im Verschlag bereitsteht. Und auch wenn er ihn noch nicht selbst geritten hat, kennt er vom Zuschauen her dessen Gewohnheiten, Tücken und Tricks. Bei den Rodeoreitern ist zwar jeder der Konkurrent jedes anderen, wie bei anderen Einzelsportarten auch, aber es herrscht eine überaus kollegiale Stimmung. Vor jedem Wettkampf, wenn die Cowboys hinter den Tribünen ihre Taschen auspacken, ihre Sättel und die prächtigen Show Chaps hervorholen, Gelenke bandagieren und Aufwärmgymnastik machen, unterhalten sie sich eingehend über die Eigenschaften jedes einzelnen Pferdes.

15
16

Bull Riding

Es sind die verwegensten, ja verrücktesten Cowboys, die sich auf das Bull Riding spezialisieren. Die meisten sind noch sehr jung, zwischen 15 und zwanzig Jahre alt – später kommt dann wohl bald einmal die Einsicht, daß Bullenreiten doch eine zu halsbrecherische Angelegenheit ist und man besser zu einer anderen Disziplin überwechselt.

Das Prinzip ist gleich wie beim Bareback Riding. Anstelle der Pferde werden gewaltige, muskelstrotzende Stiere vom Korral in die Verschläge getrieben. Es handelt sich in der Regel um Buckelrinder asiatischer Herkunft, von denen jedes Tier rund eine Tonne auf die Waage bringt. Statt der vorderen Gurte wie bei den Pferden wird dem Bullen ein Seil um den Vorderkörper gebunden, an dem sich der Reiter mit einer Hand festhalten kann. Die andere muß frei in der Luft schwingen. Berührt sie während des Rittes den Bullen oder den eigenen Schenkel, ist der Reiter sofort disqualifiziert. Um den Hinterleib wird dieselbe Gurte (Strap) wie bei den Bucking Horses befestigt.

Ein wild buckelndes, wie der Leibhaftige herumrasendes Pferd kann man sich noch vorstellen. Aber wer es nicht mit eigenen Augen gesehen hat, kann sich unmöglich ausdenken, zu welchen Luftsprüngen, blitzschnellen Pirouetten und wahnwitzigen Kapriolen ein solcher Bulle fähig ist. Der größere Teil der Reiter liegt im Staub, ehe die vorgeschriebenen acht Sekunden vorbei sind, selbst an den großen Rodeos, wo sich die Champions versammeln. Auch wenn er die Zeitlimite schafft, ist damit die Gefahr noch nicht vorbei. Kein Pickup Man wird ihm zu Hilfe eilen und ihn abholen kommen. Es bleibt ihm nichts anderes übrig, als vom tobenden Bullen abzuspringen und sich dann schleunigst zu Fuß in Sicherheit zu bringen. Stürzt oder springt ein Bronc Rider vom Pferd, muß er sich nur vor den wirbelnden Hufen in acht nehmen. Der Bulle jedoch keilt nicht nur genauso temperamentvoll aus, sondern wendet sich oft blitzschnell dem Cowboy zu, der ihn eben verlassen hat, greift ihn wütend an und versucht, ihn in die Luft zu schleudern oder am Boden mit Hörnern und Füßen zu attackieren.

Daß es dabei nicht öfter zu schweren Unfällen kommt, ist den zwei Clowns zu verdanken, die während des Bull Ridings in der Arena sind. Sie haben die Aufgabe, die tausend Kilo geballte Kraft und entschlossene Angriffslust vom Cowboy abzulenken. Auch wenn ihr Auftritt komisch wirkt, ist nicht zu übersehen, daß diese Männer eine ganze Menge Wagemut und Geschicklichkeit mitbringen. Wie es ihnen bei einem Fehler ergehen könnte, kann man an einer der lebensgroßen Clown-Puppen sehen, die manchmal vom Bullen durch die halbe Arena geschleudert werden.

Linke Seite
Angehende Bull Riders im Alter von zehn bis 14 Jahren können sich im Boys Steer Riding üben und mit Gleichaltrigen messen. Ihre Reittiere sind vielleicht nur 200 Kilo schwer, aber mindestens so beweglich wie die großen.

Oben
Kein Mensch, der es nicht selbst gesehen hat, kann sich vorstellen, zu welchen Luftsprüngen die tonnenschweren Bullen fähig sind.

Nächste Doppelseite
Ebenso kühn wie geschickt: Die Clowns haben die Aufgabe, den Bullen von den gestürzten oder abgesprungenen Reitern abzulenken. Ein Faß, in dem der eine sich verkriechen und hinter dem der andere sich verschanzen kann, ist oft die letzte Rettung.

Steer Wrestling

Rinderarbeit, wie sie in Wirklichkeit wohl kaum praktiziert wird, ist das Steer Wrestling oder Stierringen. Es gehört zu den fünf wichtigsten Disziplinen oder Major Events; daneben gibt es noch etwa sieben sogenannte Minor Events, also Nebenschauplätze, die weniger ernst genommen werden.

Im Verschlag steht dabei ein halbwüchsiger, um die 350 Kilogramm schwerer Ochse, der so

Oben
Der Ochse wird in den Verschlag gebracht: Er hat nichts anderes im Kopf, als zu seinen Artgenossen zu gelangen, die am anderen Ende der Arena stehen.

Mitte
Links vom Verschlag, in die Ecke gedrückt, wartet das Pferd mit dem Dogger, gespannt wie eine Feder, um beim Startzeichen sofort loszupreschen.

Unten
So ist es perfekt: beide Pferde neben dem Ochsen und ein sauberer Sprung des Doggers in den Nacken des Horntieres.

schnell wie möglich ans andere Ende der Arena zu gelangen versucht, wo seine Artgenossen stehen. Auf jeder Seite des Verschlages steht ein Reiter, rechts der Hazer, links der Dogger. Wenn der entsprechende Verschlag geöffnet wird, schießt der Ochse heraus, und die schnellen Quarter Horses wetzen hinterher, bis sie auf gleicher Höhe mit diesem sind. Der Hazer hat die Aufgabe, das Horntier am Ausbrechen nach rechts zu hindern. Der Dogger, mit Vorteil ein eher gewichtiger Reiter, wirft sich seitlich vom Pferd auf den Nacken des Ochsen, packt ihn an den Hörnern und versucht, ihn mit der Wuchts des Anpralls zu Boden zu reißen. Punkte gibt es nur, wenn beide Hornspitzen den Boden berühren. Dabei zählt die Zeit: Die besten Wrestler schaffen es vom Start weg in fünf Sekunden.

Bei weitem nicht immer läuft das Unternehmen rund. Der Ochse kann vielleicht den Anprall auffangen und schleppt den Dogger, der dann eine ziemlich jämmerliche Figur abgibt, durch die halbe Arena; oder er weicht im allerletzten Augenblick noch aus, und der Cowboy liegt im Staub und wird vielleicht auch noch überrannt.

Steer Wrestling soll auf einen um 1860 in Texas geborenen schwarzen Cowboy namens William Pickett zurückgehen, der von einer Kuh angegriffen und vom Pferd geworfen wurde. Der offenbar recht kräftige Mann hat nach der Legende die Kuh umgeworfen, sie mit umgedrehtem Kopf am Boden festgehalten und sich im Stil einer wütenden Bulldogge mit den Zähnen in der Unterlippe des Hornviehs festgebissen. Der ursprüngliche Name für das Steer Wrestling war denn auch Bulldogging, und der Wrestler wird darum auch heute noch Dogger genannt. Pickett führte später seinen Trick an Dorffesten vor und wurde dabei von den Miller Brothers entdeckt, die ihn umgehend engagierten und seine Nummer in ihre «101 Ranch Wild West Show» einbauten. Als Dusty Demon («Staubiger Dämon») ging der Mann in die Rodeogeschichte ein.

Wenn es dem Dogger nicht aus dem Sprung heraus gelingt, den Ochsen umzuwerfen, muß er ihn ringend zu Boden zwingen. Auf jeden Fall hat er so schon wertvolle Zeit verloren.

Rechts
Beim Calf Roping muß der Cowboy mit dem Lasso ein Kalb fangen, das quer durch die Arena rennt. Entscheidend bei dieser Rodeodisziplin ist, daß das Pferd perfekt ausgebildet ist und selbständig mitarbeitet.

Untere Bildreihe
Nach dem Lassowurf springt der Reiter vom Pferd, um das Kalb regelkonform an drei Beinen zu fesseln. Die besten schaffen die ganze Aktion in weniger als sieben Sekunden. Den Weltrekord hält Joe Guelzweller, dessen Zeit 1981 in Albuquerque mit 4,7 Sekunden gemessen wurde.

Roping

Es gibt zwei unterschiedliche Roping-Disziplinen. Beim Calf Roping, das auf den vorhergehenden Seiten dokumentiert ist, wird ein Kalb mit dem Lasso gefangen. Beim Team Roping gilt es, im Zweierteam ein halbwüchsiges Rind einzufangen.

Derselbe Gitterverschlag, Chute genannt, aus dem beim Steer Wrestling der Ochse herausschießt, wird auch beim Ropen verwendet. Beim Calf Roping steht ein Reiter neben dem Verschlag. Er hat das Lasso in der Hand, dessen hinteres Ende am Sattelknauf festgeknüpft ist. Zwischen den Zähnen hält er ein kleines Seil zum Fesseln der Beine bereit. Das Kalb kommt wie ein Pfeil aus dem Verschlag gefegt. Augenblicke später prescht das Pferd los; dabei kann man das einzigartige Beschleunigungsvermögen des Quarter Horse bewundern. Der Cowboy schwingt das Lasso, wirft die Schlinge über den Kopf des Kalbes und springt vom Pferd. Gleichzeitig stoppt das Pferd völlig selbständig, daß es nur so stiebt. Durch das plötzliche Straffwerden des Seils wird das Kalb zu Bo-

Beim Team Roping muß das Rind am Kopf und an den Hinterbeinen gefangen werden. Dazu braucht es zwei gut eingespielte Lassowerfer und perfekt ausgebildete Pferde.

den geschleudert. Sobald es sich hochrappeln will, schreitet das gute Roping Horse rückwärts, damit das Seil straff bleibt und das gefangene Tier am Aufstehen gehindert wird. Im günstigsten Fall kniet aber der Cowboy schon auf dem Kalb, bevor es ans Aufstehen auch nur denken kann, packt und fesselt blitzschnell drei der Beine und wirft die Hände in die Höhe, als Signal für die Person mit der Stoppuhr, die verflossene Zeit zu messen. Das Kalb wird nun zu zappeln anfangen, und die Fesselung muß mindestens zehn Sekunden lang halten, sonst ist der Roper disqualifiziert.

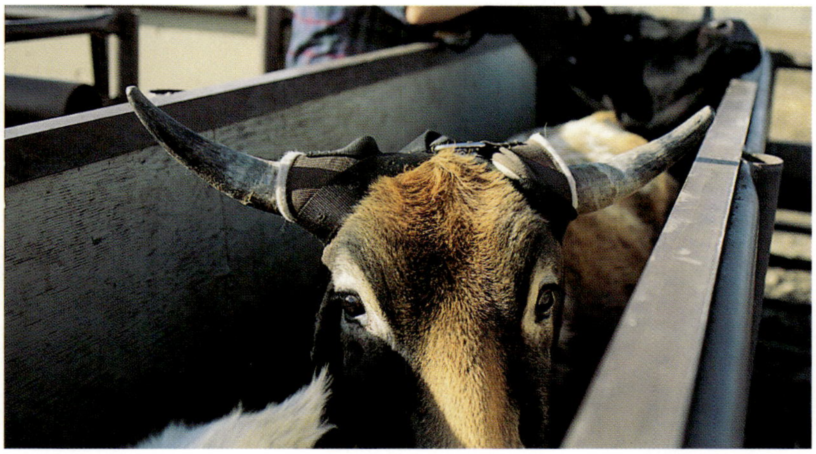

Das Rind steht im Chute bereit. Eine Vorrichtung am Ansatz der Hörner verhindert Verletzungen durch das Lasso.

Natürlich läuft das nicht immer perfekt ab. Vielleicht geht der erste Wurf daneben. Der Roper hat zwar ein zweites Seil und darf einen zweiten Wurf machen, aber damit hat er schon viel zu viel Zeit verloren. Eine erstklassige Vorstellung dauert nämlich nicht mehr als etwa sieben Sekunden. Nicht selten steht das Kalb schon wieder auf den Beinen, wenn der Cowboy bei ihm ist, und es muß zum Fesseln erneut auf den Boden geworfen werden, was nicht immer ganz einfach ist. So sind die 20 Sekunden, die dem Reiter insgesamt zur Verfügung stehen, schnell verstrichen.

Gelegentlich muß auch ein größeres Rind mit dem Lasso eingefangen werden. Das auf der Ranch aufgewachsene Fleischvieh unterscheidet sich erheblich von europäischen Milchkühen. Es ist beweglich, kräftig, menschenscheu und im Konfliktfall recht wehrhaft. Fängt man so ein Tier am Kopf, kann es durchaus wenden und Reiter und Pferd angreifen. Um dieser Gefahr vorzubeugen, wird das Rind von einem Reiter am Kopf und gleich darauf von einem zweiten an den Hinterbeinen gefangen. Aus dieser Arbeit ist das Rodeo Team Roping entstanden.

Dabei stehen die zwei Reiter links und rechts vom Verschlag, genau wie beim Steer Wrestling. Das Rind saust los, die Reiter stürmen hinterher. Der vordere Reiter oder Header wirft die Lassoschlinge über den Kopf oder die Hörner. Das Pferd stoppt nun nicht, sondern wendet sich seitwärts ab, während der Heeler, der zweite Reiter, seine Lassoschlinge um die Hinterbeine des galoppierenden Rindes wirft und zur anderen Seite wegreitet. Wenn die Seile straff werden, stürzt das Rind hilflos zu Boden, und die Zeit wir gestoppt. Wie schwierig vor allem der Wurf um die Hinterbeine ist, kann sich jeder selbst vorstellen, der schon ein Lasso zu werfen versucht hat.

Chuck Waggon Race

An der «Calgary Stampede» des Jahres 1923 wurden die ersten Küchenwagenrennen ausgetragen. Nach dem Startzeichen mußte der Wagen mit Herd, Wasserfaß, Brenneisen und Plane beladen werden. Vier Pferde zogen den Chuck Waggon, und vier Reiter begleiteten das Gefährt während des Rennens. Am Ziel mußte die Plane aufgespannt, der Herd ausgeladen und eingeheizt werden. Erst wenn Rauch aus dem Kamin stieg, wurde die dafür benötigte Zeit festgehalten.

LINKE SEITE
Zu jedem Chuck Waggon gehört ein Team von drei Reitern, das während des Rennens das Gespann begleitet.

Das Gespann besteht aus vier Vollblutpferden, die mit großem Können gelenkt werden müssen. Der kleinste Fahrfehler kann katastrophale Folgen haben.

Heute sind die Wagen viel leichter und eigens für die Rennen gebaut. Der Herd muß nicht mehr angefeuert werden; es handelt sich auch nicht mehr um einen wirklichen Herd, sondern um einen 25 Kilo schweren Klotz. Das Team setzt sich heute aus dem Fahrer und drei Reitern zusammen. Diese müssen immer noch vor dem Start den Wagen beladen, sich dann in den Sattel schwingen und mitgaloppieren. Wenn der letzte des Teams die Ziellinie passiert hat, wird die Zeit gemessen. Als Wagen- und Reitpferde dienen in der Regel Englische Vollblüter. Die Gespanne, stets vier gleichzeitig, kommen im haarsträubenden Tempo von rund 60 Stundenkilometern daher, und man kann sich gut vorstellen, daß dies in bezug auf Gefährlichkeit durchaus mit den römischen Wagenrennen der Antike verglichen werden kann. Es kommt denn auch jedes Jahr zu schweren Unfällen.

Chuck Waggon Races sind verhältnismäßig seltene Veranstaltungen, und es gibt auch nur einige Dutzend Teams. Diese könnten von den Preisgeldern kaum leben; da die Rennen aber sehr publikumswirksam sind, werden sie von zahlungskräftigen Sponsoren mitfinanziert.

NÄCHSTE DOPPELSEITE
Zu den Hauptattraktionen der zehn Tage dauernden «Calgary Stampede» in Kanada gehören nach wie vor die Chuck Waggon Races, die jeden Abend durchgeführt werden.

Oben
Die sechs Dreierteams betreten die Arena. Je einer der Männer bringt den benötigten Sattel mit.

Rechts
Das für das Publikum sehr erheiternde Spiel verlangt von den Teilnehmern einiges an Können und an Mut, aber die Sache macht ihnen mit Sicherheit auch Spaß, sonst würden sie gar nicht mitmachen. Zu verdienen gibt es dabei nämlich nur sehr wenig.

Die auf der Ranch freilaufenden Kühe, die kaum mit Menschen in Berührung kommen und schon gar nie gemolken werden, sind auf eine Zusammenarbeit nicht erpicht.

Eine Männerdomäne

Die Tonnenrennen oder Barrel Races, bei denen der Reiter in möglichst kurzer Zeit drei im Dreieck aufgestellte Fässer in kleeblattförmiger Bahn umreiten muß, werden in Amerika ausschließlich von Cowgirls bestritten. Diese Rennen sind dort Bestandteile von Rodeoveranstaltungen wie auch von Western Riding Events. In Europa beginnt diese Disziplin eben Fuß zu fassen und ist in Westernturnieren bereits integriert. Wir werden uns daher im Kapitel «Turnierdisziplinen» etwas näher damit befassen.

Barrel Racing ist die einzige Wettkampfdisziplin an Rodeos, die durchweg von weiblichen Teilnehmern bestritten wird. An manchen Rodeos kann man Trick Riding sehen. Bei diesen Schaueinlagen zeigen Reiter auf galoppierenden Pferde akrobatische Darbietungen, die oft zirkusreif sind. Sie erinnern an unseren Voltigiersport, sind aber sehr viel waghalsiger und anspruchsvoller. Außerdem geht das Pferd nicht an einer Longe im Kreis in einem langsamen Galopp, sondern läuft frei in hohem Galopp im Oval der Arena. Diese bewundernswerten Trick Riders sind in den meisten Fällen ebenfalls Frauen.

Damit hat es sich dann aber fast schon. In allen übrigen Rodeodisziplinen bekommt man nur höchst selten einmal eine Frau in der Arena zu sehen. Beim Rodeo sind die Vertreterinnen des Weiblichkeit etwa in die gleiche Rolle gedrängt, wie man es von den klassischen Wildwestfilmen her kennt: Haus, Herd und Kinder, während wirkliche Abenteuer den männlichen Helden vorbehalten sind.

Daß es Frauen gibt, die auf der Ranch jede Arbeit genausogut wie jeder Mann erledigen, haben wir in der Person von Joyce Vieira (siehe S. 53) bereits gesehen. Ähnliche Fälle gab es schon früher: Eine gewisse Mary E. Carter baute um 1860 im damals noch weitgehend unerforschten Wyoming eine Viehranch auf. Einige Jahre später begann auch Mary Meagher weiter südlich Rinder zu züchten. Sie führte ihre damals noch Monate dauernden Cattle Trails eigenhändig an der Spitze der von ihr bezahlten Cowboys an und wurde als «Cattle Queen of the Pacific Slope» berühmt.

Einen noch größeren Ruf errang Lucille Mulhall. Ihr Vater, Zach Mulhall, war vorerst vielleicht enttäuscht gewesen, daß ihm seine Frau keinen Sohn geboren hatte, aber er machte das beste daraus, indem er seiner Tochter das Reiten beibrachte, bevor sie noch kaum recht gehen konnte. Mit zehn Jahren konnte sie mit dem Lasso Kälber fangen und diese eigenhändig brennen. Mit dreizehn führte sie in der Wildwestshow ihres Vaters verwegene Reitkunststücke vor. Und mit siebzehn blamierte sie im texanischen El Paso ihre ganze männliche Konkurrenz im Steer Roping.

Auch Berta Kalpernick zog bereits mit dreizehn Jahren aus, den Cowboys das Fürchten beizubringen. Sie durfte nämlich 1897 an den «Cheyenne Frontier Days» im Saddle Bronc Riding teilnehmen. Ihre Vorstellung war so brillant und wurde von der Zuschauermenge mit so tosendem Applaus belohnt, daß nach ihr kein Cowboy mehr zum Wettbewerb antrat.

Auch später tauchten immer wieder einzelne Frauen in «Männerdisziplinen» des Rodeos auf, und meistens lehrten sie den Cowboys auch das Fürchten. Von einem männlichen Konkurrenten übertroffen zu werden, ist eine Sache, eine Frau als Siegerin vor sich zu haben, aber eine ganz andere. Immerhin existieren keine Bestimmungen, welche Frauen von der Teilnahme am Rodeo grundsätzlich ausschließen, auch wenn mancher Rodeoheld dies vielleicht begrüßen würde.

Die Rodeo Association of America wurde 1927 gegründet und war die erste nationale Rodeo-Organisation. Auf der Grundlage der im ganzen Jahr gewonnenen Preisgelder vergab sie die Annual-Champion-Cowboy-Titel. 1936 gründete eine Gruppe von Rodeoreitern eine Art Gewerkschaft, die für faire Bewertungen und angemessene Preisgelder eintrat. Der Verband erhielt den Namen Cowboys Turtle Association (Turtle heißt Schildkröte, und mit deren Geschwindigkeit wurde die Organisation damals aufgebaut). 1945 entstand daraus die Rodeo Cowboys Association, der sich nach und nach auch Wettkampfrichter, Stock Contractors (Vermittler von Rodeopferden und -vieh) sowie

Im Gegensatz zu den ungezähmten Bucking Horses sind die Roping Horses der Lassokünstler hervorragend ausgebildet und gehören meistens dem Reiter.

Rodeoveranstalter anschlossen. Damit bekam der Rodeosport einen ähnlich professionellen Anstrich wie andere populäre Sportarten.

Im Jahr 1959 wurde in Dallas, ebenfalls Texas, das erste National Finals Rodeo durchgeführt. Dabei wurden die Jahresbesten aus Bare Back Riding, Saddle Bronc Riding, Bull Riding, Calf Roping, Steer Wrestling und Barrel Racing ermittelt. Vom Jahre 1962 an fanden die Finalkämpfe in Los Angeles, von 1965 bis 1984 in Oklahoma City statt, und seit 1985 treffen sich die Champions in Las Vegas, im Bundesstaat Nevada.

Die Rodeo Cowboys Association wurde 1987 dann in Professional Rodeo Cowboys Association (PRCA) umgetauft, und so heißt sie heute noch. Ihren Hauptsitz hat sie in Colorado Springs.

Nicht jeder Wurf glückt, und in Sekunden kann der Traum von Monaten ausgeträumt und das erhoffte große Preisgeld auf ein Trinkgeld zusammengeschrumpft sein.

Gefahr ist immer dabei, und kleinere Blessuren gehören zum Alltag des Rodeoreiters. Eine schwerere Verletzung allerdings kann den Cowboy für Wochen oder Monate aus dem Rennen werfen, so daß die Zeit, genügend Punkte für den Final zu sammeln, nicht mehr reicht. Das kann dem Rodeoteilnehmer bereits an die Existenz gehen.

Eine ähnliche Entwicklung fand bei den Rodeo-Organisationen in Kanada statt. Hier wurde 1944 der erste Verband für professionelle Rodeoreiter gegründet. Seit 1980 heißt er Canadian Professional Rodeo Association (CPRA). Diese Organisation entspricht der PRCA, mit der sie eng zusammenarbeitet und ihre Veranstaltungen koordiniert. Auch die Wettkampfregeln beider Verbände sind dieselben.

Daneben existiert in Kanada eine Indian Cowboys Rodeo Association, die nur Indianer als Mitglieder hat, deren Mitglieder aber auch der CPRA beitreten dürfen – eines der ganz wenigen Privilegien der Indianer. Und schließlich hat Kanada auch eine Canadian Girls Rodeo Association, die sich für die Rechte der Cowgirls einsetzt.

Man kann sich in Europa schwer vorstellen, wie populär in Nordamerika Rodeo ist. Neben Tausenden von kleinen, ländlichen Rodeos gibt es jährlich in den USA und in Kanada über sechshundert Qualifikationswettkämpfe für den jährlichen Rodeofinal. Zu den sechs Disziplinen, aus denen 1959 in Dallas die besten erkoren wurden, sind inzwischen auch das Team Roping und das Steer Roping gekommen. Außerdem werden jedes Jahr die besten Stock Contractors und Rodeoclowns sowie die am spektakulärsten und wildesten buckelnden Bucking Horses und Bullen ausgezeichnet.

Wer in Las Vegas bei den Größten dabei sein will, muß nicht nur sehr talentiert, sondern auch unermüdlich einsatzbereit sein. Je nach Disziplin hat er an rund hundert bis 125 Rodeos pro Jahr teilzunehmen.

WESTERNREITWEISE

Rechte Seite
Der in Texas lebende kanadische Trainer Steve Brown versteht sein Handwerk. Hier ist er bei der Arbeit mit einem jungen Reining Horse zu sehen.

Wenn einer einen Westernsattel aufs Pferd schwingt, ein Kandarengebiß einlegt, spitze Stiefelchen, Rädchensporen und fransenbesetzte Chaps anzieht, den breitkrempigen Hut auf den Kopf stülpt und dann verwegen wie John Wayne durch die Gegend prescht, heißt das noch lange nicht, daß er ein Westernreiter ist oder auch nur eine Ahnung davon hat. Solche Helden gibt es leider heute noch zur Genüge, und sie dienen sicher nicht gerade dazu, das Image der Westernreiterei aufzubessern.

Der Ausdruck «lässige Eleganz» für den Westernreitstil kommt nicht von ungefähr. Ein guter Westernreiter auf einem gut ausgebildeten Pferd wirkt völlig locker und natürlich. Hilfen («Befehle» ans Pferd) sind so gut wie unsichtbar. Dadurch entsteht der Eindruck, Westernreiten sei viel einfacher als das Reiten im englischen oder europäischen Stil. Das ist ein gewaltiger Irrtum. Es wirkt nur einfacher, weil es anatomisch richtig ist. Die Ausbildung des Westernpferdes ist genau so anspruchsvoll und zeitaufwendig wie diejenige eines englisch gerittenen Pferdes. Und der Westernreiter braucht eine genauso seriöse Ausbildung durch einen ausgewiesenen Fachmann wie der konventionelle Reiter. Reitlehrer und Trainer, die ihren Job mit viel Selbstvertrauen, aber viel zu wenig Fachwissen ausüben, gibt es mehr als genug, in allen Sparten der Reiterei. Insbesondere in der Westernreiterei haben aber diese Scharlatane das Glück, daß die Nachfrage nach guten Ausbildungsstätten derzeit sehr viel größer ist als das Angebot. Anderseits sieht man am wachsenden Niveau, daß es auch gute Trainer gibt. Es lohnt sich, diese zu suchen.

Die Aufmachung für die Schau kann sehr aufwendig sein, aber eine grandiose Ausrüstung gibt noch lange keinen Hinweis auf die Qualität des Reiters.

Als Jean-Claude Dysli am 16. Mai 1964 das erste Quarter Horse, den Hengst «Nevada Victory», in den USA einschiffte und später in die Schweiz brachte, ahnte er bestimmt selbst nicht, was sich 25 Jahre später daraus ergeben würde. 1968 bot Jean-Claude seinen ersten Westernreitkurs in der Schweiz an. Fünf Jahre später konnte er an der «Equitana» in Essen, einer der größten Pferdeveranstaltungen Europas, den Westernstil erstmals einem breiten Publikum vorstellen. Aber noch immer waren die Westernreiter eine belächelte Minderheit. Erst in den achtziger Jahren begannen die Westernturniere den Springveranstaltungen die Schau zu stehlen und das Publikum wegzulocken. Die Zahl der Teilnehmer wuchs immer schneller, das reiterliche Niveau stieg zusehends. Aber noch immer konnte man kaum absehen, was für ein Boom in den neunziger Jahren einsetzen würde. Gegenwärtig erlebt der Westernreitsport einen Erfolg, wie ihn wahrscheinlich noch nie irgendeine Form der Reiterei erfahren hat.

Zur üblichen europäischen Zäumung gehört das Zubinden des Maules.

Der Unterschied

Von Natur aus ist das Pferd selbstverständlich nicht als Reittier «konzipiert», auch wenn das manche Leute zu glauben scheinen. Daß wir dieses Tier überhaupt reiten können, ist eigentlich ein Wunder. Um mit einem Pferd im Sattel richtig umzugehen und uns nicht einfach von ihm in der Landschaft herumtragen zu lassen, müssen wir ihm entsprechende Hilfen geben. Wir müssen es gymnastizieren und es lehren, unser Gewicht auf möglichst schonende Art zu tragen. Das Pferd muß sich versammeln, denn nur so kann es auf unsere feinsten Hilfen reagieren und eine genügende Manövrierfähigkeit erreichen. Und nur in versammeltem Zustand kann es mit den Hinterbeinen weit unter den Körper treten. Das ist wichtig, weil das Reitergewicht zu einem möglichst großen Teil von der Hinterhand getragen werden soll, nicht zuletzt, um die viel schwächeren Vorderbeine zu schonen. Ein schlecht gerittenes Pferd trägt die Hauptlast mit der Vorhand, und das kann schon in kurzer Zeit zu Schäden an Gelenken und Sehnen führen.

Der konventionelle oder Englischreiter erreicht die Versammlung dadurch, daß er das Pferd mit Schenkeln und Absätzen fortwährend hinten antreibt und gleichzeitig vorne mit den Zügeln bremst. Man spricht hier vom «ständig an den Hilfen stehen». Der wirklich gute Reiter kann ein gut ausgebildetes Pferd mit kaum merklichem Beinimpuls, ohne oder mit nur geringsten Zügelsignalen, dazu bringen, den Hals zu wölben und sich zu versammeln. Bei den meisten Reitern allerdings ist der Zügelzug zu stark, und durch den ständigen Druck stumpft das Pferd ab: Es wird hartmäulig und reagiert immer lustloser auf die Schenkelhilfen.

Es ist immer noch ein weitverbreiteter Irrtum, daß das Westernpferd nicht in der

Das englisch gerittene Pferd «steht ständig an den Hilfen». Der Reiter treibt es mit den Beinen gegen das Gebiß, zu dem er über die straffen Zügel dauernd Kontakt hat. Vom Können des Reiters hängt es ab, wie stark dieser Druck ist.

Das gut im Westernstil gerittene Pferd geht ebenfalls versammelt, mit aufgerichtetem Hals und weit nach vorne tretenden Hinterbeinen, aber am losen Zügel. Es erhält nur Impulse, wenn etwas Neues von ihm verlangt wird.

Versammlung gehe. Gleichzeitig ist damit der größte Fehler in der Westernreiterei genannt. Auch das Westernpferd lernt in der Ausbildung im Prinzip auf die gleiche Art und Weise, sich zu versammeln, den Hals aufzurichten und mit den Hinterbeinen tief unterzutreten. Der wesentliche Unterschied besteht aber darin, daß man das Pferd belohnt, sobald es versammelt ist, indem man mit den treibenden Beinhilfen und den bremsenden Zügelhilfen aufhört und diese erst wieder einsetzt, wenn es erforderlich ist. Am Anfang bleibt das Pferd nur kurze Zeit von selbst in der Versammlung. Im Laufe der Ausbildung lernt es immer besser, sich selbst zu tragen, das Gleichgewicht unter dem Reiter zu finden und am losen Zügel versammelt zu gehen. Solange das Pferd richtig geht und die gewünschte Geschwindigkeit einhält, bleibt der Reiter passiv. Erst wenn er etwas Neues vom Pferd will, etwa eine Änderung in der Richtung, der Gangart oder im Tempo, gibt er dem Tier das entsprechende Signal. Deshalb spricht man in diesem Zusammenhang auch vom Signalreiten.

Das gut ausgebildete Westernpferd wird vom guten Westernreiter mit minimalsten Hilfen beherrscht. Das setzt aber eine verständnisvolle und mit viel Geduld praktizierte Ausbildung voraus. Nur so wird das Pferd zum zuverlässigen Partner. Ein Trainer, der sein Pferd mit Gewalt unterjocht, versteht nichts von diesen Tieren. Sie gehorchen ihm nur aus Angst, und das ist mit Sicherheit keine Basis für eine Partnerschaft. Selbstverständlich gilt das für jede Sparte der Reiterei.

Es wäre falsch zu behaupten, die eine Reitweise sei besser als die andere. Wesentlich ist immer, wie gut der Reiter seine Sache macht. Freilich kann man sich leicht vorstellen, daß ein weitgehend in Ruhe gelassenes Pferd zufriedener ist als eines, das dauernd unter Druck steht.

UNTEN
Erst das fertig ausgebildete Westernpferd wird auf Kandare gezäumt. Aber nicht alles, was aus Amerika kommt, ist auch nachahmenswert. Eine große Unsitte ist das «Rasieren» der Pferde. Die Ohren werden ausrasiert, so daß sie schutzlos den Insekten ausgeliefert sind. Auch die Tasthaare um das Maul werden abrasiert; das grenzt an Tierquälerei, denn diese Haare sind für die Orientierung mit der Maulpartie unentbehrlich. Ein Pferd kann ja nicht sehen, was unter seinem Kopf vorgeht.

LINKS
Bodenarbeit ist eine besonders wertvolle Grundlage für die Ausbildung. Jean-Claude Dysli lehrt hier das junge Pferd, auf die Körpersprache des Menschen zu reagieren.

UNTEN
Erziehung, Gymnastizierung und Ausbildung gehen ineinander über.

Erziehung

In der Westernreiterei wird Erziehung ganz groß geschrieben. Bereits das ganz kleine Fohlen gewöhnt man an das Halfter, an das Gestreicheltwerden überall an Kopf und Körper, an das ruhige Hochheben der Hufe. Es muß lernen, sich auf den Menschen zu konzentrieren, der sich mit ihm abgibt, ihm zu vertrauen und ihn gleichzeitig von Anfang an als «ranghöheres Herdenmitglied» zu respektieren.

Danach kann es zwei Jahre auf der Fohlenweide mit Altersgenossen unbeschwert aufwachsen und sich so physisch und psychisch gesund entwickeln. Es wird dabei nichts von dem Gelernten vergessen, und die Aufgabe des Lehrers, der es jetzt in die Ausbildung nimmt, wird beträchtlich erleichtert.

Wie viele Leute wissen noch nicht einmal, wie man ein Pferd richtig führt! Dabei braucht man nur der Leitstute auf der Weide zuzuschauen. Bewegt sich die Herde, darf kein Pferd auf die Kopfhöhe des Leittieres vorrükken, sonst wird es mit einer Drohgeste oder einem schnellen Biß zurückgewiesen. Entsprechend führt der Mensch das Pferd am langen Strick oder Zügel, und es hat immer hinten ihm zu bleiben. Bis es das begriffen hat, droht der sachkundige Reiter mit dem Ende des Zügels oder des Führstrickes oder gibt dem vorwärtsdrängenden Pferd damit auch einen Klaps auf die Nase. Mit Prügeln hat das noch lange nichts zu tun.

OBEN
Geht das Pferd beim Führen neben dem Menschen, so ist die Rollenverteilung nie ganz klar. Läßt es sich jedoch führen wie auf dem Bild, ist kein Zweifel möglich, wer das Sagen hat. Nur so ist ein für alle Beteiligten befriedigendes Zusammenleben möglich.

LINKS UNTEN
Das Westernpferd muß lernen stillzustehen – auch wenn es keinen Pfosten zum Anbinden gibt. Die Zügel am Boden sind das Signal dazu. Das wird auch bei gewissen Prüfungen verlangt.

Pferde geraten leicht in Panik, wenn etwas Ungewohntes ihre Beine berühren. Mit Seilübungen baut Allen diese Angst ab.

Bodenarbeit

Ganz am Anfang unserer letzten Reise in die USA haben wir auch Allen Rapert kennengelernt. Wir besuchten in Texas Candy Mercer in Sanger, jene Frau, die «zwischen Dallas und Oklahoma City jeden Fohlenschwanz kennt» und die sich in der Folge während Wochen bemühte, uns mit sämtlichen Trainern, Züchtern und Pferden der Gegend bekannt zu machen. Allen hatte damals seine Pferde vorübergehend in der Anlage von Candy untergebracht und wollte wenig später auf eine kleine Farm nach Justin, ebenfalls im Bundesstaat Texas, umziehen. Als wir eintrafen, war er gerade bei der Bodenarbeit mit einem jungen Pferd im gedeckten Round Pen. Vom ersten Augenblick an beeindruckte uns die unerschütterliche Ruhe, mit der Allen arbeitete. Und dann faszinierte uns seine Methode. Sie erinnerte uns stark an Pat Parelli. Das wollten wir uns näher anschauen.

Einige Wochen später trafen wir Allen bei einem Cutting-Wettbewerb, wo er als Richter amtete. Im breitesten Missouri-Dialekt, den ich je gehört hatte, lud er uns auf seine Farm in Justin ein und empfing uns dort früh am nächsten Morgen. Er holte «Matalena», seinen vierjährigen Hengst, von der Koppel, eines der schönsten Paint Horses, das wir je gesehen haben. An diesem Pferd demonstrierte er uns den Aufbau der von ihm durchgeführten Grundausbildung. Bezeichnend für Allen war, daß er keineswegs von «seiner» Methode sprach, sondern von jener von Tom Dorrance, der diese Form der Erziehung und Ausbildung aufgrund uralter Erkenntnisse entwickelt hatte. Sie wurde später vor allem durch Ray Hunt und in etwas abgeänderter Form durch Pat Parrelli bekannt.

Wesentlich dabei ist die Erkenntnis, daß «Reiten am Boden beginnt», daß man also sehr viel am Boden arbeitet, bevor man auch nur an den Sattel denkt. In der konventionellen Reiterei beschränkt sich die Bodenarbeit weitgehend auf eintöniges Longieren in Schritt, Trab und Galopp in beide Richtungen. Damit gymnastiziert man das Pferd – und das ist dann auch schon alles, was man erreicht. Man denkt gar nicht daran, mit dem Pferd zu kommunizieren. Es wird «ablongiert», damit es ermüdet und dann leichter zu reiten ist – eine mögliche Methode, aber sicher keine besonders gute. Der Körper des Pferdes wird zwar so trainiert,

Körpersprache: Allen gibt «Matalena» hier das Signal zum Wenden.

Links
Dieses Pferd wird später nicht so schnell die Nerven verlieren, wenn ihm einmal etwas um den Kopf fliegt.

«Vom Boden aus Fahren»: eine gute Übung, um das Pferd an die Zügelführung zu gewöhnen, und eine weitere Möglichkeit für ein abwechslungsreiches Ausbildungsprogramm. Je vielseitiger die Arbeit, desto mehr Spaß macht sie allen Beteiligten.

UNTEN
Auf beiden Bildern sieht man, wie Allen das Pferd mit der Satteldecke vertraut macht. Er läßt es zuerst daran riechen, schwenkt dann die Decke immer wieder um den Kopf und über den Körper und legt sie schließlich auf den Rücken.

so daß man länger und länger longieren muß, bis das Tier müde genug zum Reiten ist, während es mental abstumpft. Es hat dieses ewig gleiche Laufen im Kreis bald einmal satt und kann nur noch durch Druck zu irgendeiner Arbeit bewegt werden. Und damit steckt man schon mitten im Dilemma.

Je interessanter und abwechslungsreicher die Übungen sind, die man mit dem Pferd macht, desto mehr Spaß hat es, desto aufgeweckter wird es. Das Lernen macht ihm Freude, der Leistungswille kommt von selbst, und aus einem solchen Pferd entwickelt sich kein unterwürfiges Tier, sondern ein Partner, mit dem man später durch dick und dünn gehen kann.

Es ist absolut möglich, ein Pferd in ein paar Wochen so weit zu unterjochen, daß man es einigermaßen reiten kann. So gehen Pferde aber körperlich und auch seelisch zugrunde, und mindestens auf längere Sicht ist die Versklavungsmethode sicher falsch. Je mehr Zeit man sich für die Grundausbildung des jungen Pferdes nimmt, desto gelassener erfüllt es seine Aufgaben. Ganz wichtig ist, das Pferd zuerst einmal dazu zu bringen, sich auf den Ausbilder zu konzentrieren. Solange es dauernd in der Gegend herumschaut oder -wiehert, kann man nichts Vernünftiges mit ihm anfangen. Genau

Das Pferd muß an das Reitergewicht erst gewöhnt werden. Ein Tier, das mit viel guter Bodenarbeit darauf vorbereitet ist, wird auch den ersten Reitversuch lediglich als eine neue Übung betrachten. Es gibt keinen Grund, sich davor zu fürchten und sich zu widersetzen. So kommt es auch nicht zu einem ungewollten Rodeoauftritt.

so wichtig ist, vor allem am Anfang der Ausbildung die Lektionen kurz zu halten. Lieber hört man nach zehn Minuten mit einem Erfolgserlebnis auf, als nach einer halben Stunde frustriert feststellen, daß man das Pferd zu nichts mehr bewegen kann. Viel Feingefühl ist gefragt, denn jedes Pferd ist verschieden, und keines hat ständig die gleiche Laune. An einem Tag macht ihm offensichtlich jede Aufgabe Spaß; es konzentriert sich und begreift alles Gewünschte im Handumdrehen, so daß man in einer einzigen Stunde vielleicht weiterkommt als in den letzten beiden Wochen. Doch man darf dann nicht enttäuscht sein, wenn am nächsten Tag überhaupt nichts geht, oder gar versuchen, etwas zu erzwingen. Am besten absolviert man eine einfache Übung, die das Pferd besonders mag – und damit Schluß für den betreffenden Tag.

Der professionelle Trainer steht natürlich meistens vor einem Dilemma. Glück hat er, wenn er für einen wohlhabenden Besitzer arbeitet, dem eine erstklassige Ausbildung wichtiger ist als alles andere. Er kann in aller Ruhe Schritt für Schritt vorgehen und das Pferd monatelang am Boden auf das Reiten vorbereiten. Arbeitet er jedoch selbständig für private Kunden oder als Angestellter in einem kommerziell ausgerichteten Trainingsstall, so hat er natürlich so rasch als möglich Ergebnisse vorzuweisen. Auf lange Sicht aber lohnt es sich immer, das junge Pferd mit der größtmöglichen Ruhe und Geduld seriös auszubilden.

Bei Allen Rapert bekamen wir einen ausgezeichneten Eindruck davon, was Horsemanship ist. Wir spürten deutlich die enge Beziehung, die dieser Trainer zu Pferden hat. Er zeigte uns, wie abwechslungsreich Longieren sein kann, am Zweimeter-, am Viermeter-, am Achtmeterseil, das dann auch als Doppellonge zum «Fahren» verwendet wurde. Und natürlich gab es auch Übungen ohne Seil zu sehen: Vorwärts, rückwärts, seitwärts hatte Matalena zu gehen, große Zirkel und enge Volten. Allen demonstrierte uns, wie er die Schreckhaftigkeit des Pferdes abbaut, indem er es am ganzen Körper mit Seilen berührt, diese um seinen Kopf schwenkt und darüber streichen läßt, damit jedes Bein einzeln hochhebt oder alle Viere umwickelt. Ein über Wochen und Monate so ausgebildetes Pferd hat ein so starkes Vertrauen zum Menschen, daß es die verschiedensten Situationen gelassen hinnimmt. Was kann man sich Besseres von einem Pferd wünschen?

Rechts oben
Hier sieht man, wie unwichtig der Zügel beim Westernreiten ist. Es geht durchaus auch ohne ihn, was in der englischen Reitweise ganz undenkbar ist. Alle Übungen, die uns Allen bisher gezeigt hat, sind vom Durchschnittsreiter nachvollziehbar. Das Reiten ohne Zügel allerdings, insbesondere eines jungen Pferdes, ist nur sehr guten Reitern zu empfehlen, die perfekt im Gleichgewicht mit dem Reittier sind.

Rechts unten
Mit solchen Übungen lehrt man das Pferd, auf leiseste Signale Hals und Kopf zu wenden. Das ist eine gute erste Vorbereitung zum Beispiel für den Galoppwechsel.

Alte spanische Reitkunst ersten Ranges demonstriert hier Luis Domecq, ein Enkel des Begründers der klassischen Spanischen Reitschule in Jerez de la Frontera, im südspanischen Andalusien. Das Pferd ist am losen Zügel versammelt, die innere Schulter weist nach vorne, das Reitergewicht liegt genau über dem tragenden inneren Hinterbein.

Moderne Westernreitweise in perfekter Manier, vorgeführt von Jean-Claude Dysli, dem Grand Seigneur der europäischen Westernreiterei. Ihr Ursprung in der klassischen spanischen Reitkunst ist unverkennbar.

WESTERN HORSES

Die berühmten «wilden» Pferde Amerikas, die Mustangs, gehen auf die Reittiere der spanischen Eroberer, Siedler und Missionare zurück. Im Laufe der Zeit entliefen Tausende der Hauspferde ihren Haltern in die endlose Weite der Prärie, wo sie mit den Herden der Bisons weideten und sich vermehrten. Mitte letztes Jahrhunderts wurde ihr Bestand auf mehrere Millionen geschätzt.

Damals hatte der Mustang nicht mehr sehr viel Ähnlichkeit mit seinen edlen, spanischen Ahnen. Das Leben in der Wildnis mit glühend heißen Sommern, eiskalten Wintern und karger Nahrung prägte das Erscheinungsbild der Tiere. Die Natur besorgte die Zuchtauslese: Nur die Harten und Ausdauernden überlebten, und das waren eher die Kleinwüchsigen und äußerlich Unscheinbaren. Mustangs sind meistens nur 130 bis 140 Zentimeter hoch, eckig gebaut, grasbauchig, oft hirschhalsig und kuhhessig (mit x-beiniger Stellung der Hinterbeine), und sie besitzen einen eher groben Kopf.

Manchmal nennt man den Mustang «das Pferd, das Amerika machte». Tatsächlich spielte dieser in der Pionierzeit eine unschätzbare Rolle. Zu Hunderttausenden wurden die verwilderten Pferde eingefangen und dem Drill von Kavalleriepferden unterworfen. Die Cowboys der alten Tage ritten fast nur solche Mustangs. Das Einreiten der Wildfänge war zwar außerordentlich schwierig, aber später waren diese Tiere fast unverwüstlich. Vier- und sechsspännig zogen Mustangs die Postkutschen, die Planenwagen der Pioniere oder die Pflüge der Ackerbauern.

Der vierjährige Paint-Horse-Hengst «Matalena» ist nicht nur bildschön, sondern entstammt auch einer Leistungszucht. Das ist erwähnenswert, weil vor allem in den USA sehr viele Paints nur auf Schönheit gezüchtet und an der Hand vorgeführt werden – ähnlich wie sehr viele Araberpferde in Europa.

Die geleisteten Dienste wurden ihnen allerdings schlecht gedankt. Zu Hunderttausenden wurden wilde Mustangs von den Viehzüchtern getötet, da sie Nahrungskonkurrenten der Rinder waren. Von den Millionenbeständen haben kaum zehntausend bis heute überlebt. Nun sind sie zwar vom Gesetz geschützt, aber nur in wenigen Reservaten auch wirklich sicher; an andern Orten werden sie weiterhin gejagt.

Die spanischen Pferde und damit auch die Mustangs bildeten die Grundlage der amerikanischen Western Horses – mit Ausnahme des Quarter Horse, dessen Herkunft komplizierter ist.

Sehr viele Pferde im amerikanischen Westen gehören nicht einer eigentlichen Rasse an. Sie werden nicht rein gezüchtet und nirgends registriert. Man bezeichnet sie gewöhnlich als Stock Horses, und oft sind sie nicht gerade Schönheiten, doch das ist ja auch nicht das Zuchtziel. Ein Cowboy braucht ein Pferd, das «funktioniert», das «geländegängig» ist, Cow Sense hat (also einen angeborenen Sinn für die Rinderarbeit), das anspruchslos und klar im Kopf ist. Und fast alle Stock Horses bringen diese Eigenschaften mit.

LINKS
Das ist weder ein Mustang noch irgendein Stock Horse, sondern «Bueno Swiss Doc», einer der Quarter-Zuchthengste von Jean-Claude Dysli in Spanien. Beide Großväter dieses wunderschönen Hengstes und ausgezeichneten Vererbers sind Berühmtheiten: «King Fritz» und «Doc Bar».

Das American Quarter Horse

1940 gründeten 75 Personen in Fort Worth, Texas, die American Quarter Horse Association. 599 Pferde wurden damals in das Zuchtregister eingetragen. Und bereits 1975 gab es eine Million registrierter Quarter Horses – mehr als von jeder anderen Pferderasse der Welt. Heute sind es gar über drei Millionen! Gegenwärtig liegt der Hauptsitz des Verbandes in Amarillo, im Bundesstaat Texas. Er beschäftigt etwa 240 Angestellte und betreut rund 185 000 Mitglieder in 65 Ländern der Erde.

Besonders erstaunlich an der ganzen Geschichte ist, daß das Quarter Horse zu den jüngsten Rassen der Welt zählt. An ihr herumgezüchtet wurde allerdings schon vor 350 Jahren. Die Siedler in den Südstaaten, vorwiegend Engländer und Iren und damit geborene Spieler und Liebhaber von Pferderennen, veranstalteten an jedem möglichen Wochenende entsprechende Meetings. Sie brauchten dazu keine Rennbahnen: Besonderer Beliebtheit erfreuten sich Kurzstreckenrennen über eine Viertelmeile, und dafür reichte in der Regel jede normale Dorfstraße aus. Gefragt waren also Sprinter, Pferde, die aus dem Stand sehr schnell ihre Höchstgeschwindigkeit entwickeln konnten. Der Länge der Strecke entsprechend wurden diese schnellen Pferde Quarter Milers oder Quarter Horses genannt.

Als Basis für diese erste mehr oder weniger systematische Zucht in den USA dienten vorwiegend englische und irische Warmblutpferde, die mit Araber-, Berber- und Türkenblut veredelt wurden. Einen wesentlichen Einfluß auf die Zucht hatte Janus, der in der Mitte des 18. Jahrhunderts aus England nach Virginia kam. Er war ein Nachkomme des Vollblutstammvaters «Godolphin Barb», eines Berberhengstes aus Tunis. Später spielten englische Vollbluthengste eine wichtige Rolle bei der Entwicklung des Quarter Horses.

Einen starken Einfluß auf die Zucht hatten aber auch spanische Pferde. Die Indianer des Südostens, vor allem die Cherokee und Chickasaw, hatten von den spanischen Einwanderern Pferde erworben und noch öfter erbeutet und verstanden es, die besten Tiere ganz selektiv zu züchten. Besonders die Chickasaw-Ponys waren bei den angelsächsischen Siedlern ebenso begehrt wie die englischen Pferde, denn sie zeichneten sich durch große Härte, Anspruchslosigkeit und Ausdauer aus. Ein Hengst namens «Roger», ein reines Chickasaw-Pony, gewann während Jahren jedes Rennen und fand schließlich keine Herausforderer mehr. 1744 wurde dann öffentlich bekanntgegeben, daß der einsame Champion in den verdienten Ruhestand trete.

Auch direkte Importe aus Spanien im 18. und 19. Jahrhundert hinterließen ihre Spuren in der Quarter-Zucht. Der 1740 geborene Andalusier «Spanker» ist in vielen Quarter-Horse-Pedigrees zu finden, und der reine Spanier «Montezuma», der 1797 aus Mexiko nach Kentucky kam, galt zu seiner Zeit als bestes Pferd im Lande, um hier nur zwei Beispiele zu nennen.

Die allerschnellsten Quarters bewältigen die Viertelmeile in weniger als 22 Sekunden und sind damit die einzigen Pferde, die auf kurze Distanzen dem Englischen Vollblut überlegen sind.

Während man in England Vollblüter ausschließlich für den Rennsport und zur Verbes-

UNTEN
Eine Quarter-Zuchtstute mit Fohlen auf dem Gestüt von Dick Pieper in Oklahoma.

«Bueno Swiss Doc», einer der Hengste von Jean-Claude Dysli, läuft während der ganzen Decksaison frei mit der Stutenherde.

Ein ausgesprochen typisches Quarter Horse unter dem Sattel. Energie und Leistungsfähigkeit sind hier augenfällig.

serung von Warmblutpferden züchtete, wollte man aus dem Quarter nicht nur einen Renner, sondern ein möglichst vielseitiges Pferd machen. Man brauchte es nach wie vor in erster Linie als Tier für die verschiedensten Arbeiten auf den Plantagen.

Die ersten Cowboypferde des Westens indessen waren durchweg spanischer Abstammung. Erst im 19. Jahrhundert kam von Osten das Quarter Racing Horse nach Texas und von dort weiter west- und nordwärts. Daß das Quarter Horse das Pferd der großen Viehtrecks gewesen sei, wie gelegentlich behauptet wird, ist ein Irrtum. Quarter Horses waren damals im Westen noch selten und für einen Cowboy viel zu teuer, während Mustangs zu Abertausenden existierten und nur einen Bruchteil dessen kosteten, was man für einen guten Sattel zu bezahlen hatte.

Ganz wesentlich jedoch war, daß man die schnellen Viertelmeilenrenner mit den rein spanischstämmigen Westernpferden kreuzte. Erst durch die Verschmelzung dieser beiden Schläge entstand das Quarter Horse, wie wir es heute kennen.

Daß in Amerika mit Quarter-Rennen und Renn-Quartern Millionen umgesetzt werden, ist zwar ein wirtschaftlicher Faktor, aber überhaupt nicht der Grund für den einzigartigen Erfolg dieser Rasse. Das Geheimnis liegt in den vielseitigen Qualitäten. Für die verschiedensten Cowboy-Arbeiten wie auch für den Westernturniersport gibt es kein besseres Pferd, und ein geeigneteres Freizeit- und Familienpferd kann man sich auch fast nicht vorstellen.

Das typische Quarter Horse unterscheidet sich deutlich von anderen Rassen. Kein anderes Pferd hat eine so ausgeprägte Hinterhandmuskulatur – sie ermöglicht die einzigartige Antrittsgeschwindigkeit. Der ganze Körperbau ist sehr harmonisch, und trotz der überaus kraftvollen, kompakten Gestalt wirkt das Quarter Horse edel. Der Rücken ist kurz und sehr tragstark, die Brust breit und vor allem ausgesprochen tief mit deutlicher Rippenwölbung, die Kruppe lang, abfallend und muskelbepackt. Das Stockmaß liegt zwischen 145 und 157 Zentimetern. Die Beine sind korrekt gestellt, auffallend trocken und haben weit herunterreichende «Hosen». Dank den sehr kurzen Röhren ist das Quarter Horse außergewöhnlich wendig.

Rassentypisch ist auch der kurze Kopf mit der geraden Nasenlinie, der sehr breiten Stirn, den kurzen Ohren, den starken Ganaschen, dem kleinen, festen Maul, den weiten Nüstern und den großen, weit auseinanderstehenden, freundlich blickenden Augen. Ebenfalls typisch für die Rasse sind Leistungswille, ungewöhnliche Lernfähigkeit, Temperament, Nervenstärke und ausgeglichener Charakter.

Das Plakat zum fünfzigjährigen Jubiläum der American Quarter Horse Association, dem mit Abstand erfolgreichsten Pferdezuchtverband der Welt. Quarter Horses werden heute dank ihrer vielseitigen Qualitäten weltweit gezüchtet. Es sind bereits über drei Millionen Tiere registriert.

Für über ein Jahrzehnt galt «King P-234» als das perfekte Quarter Horse und als eigentliche Richtlinie für die Zucht dieser Rasse.

«Peppy» war das erste Pferd, mit dem die King Ranch auf Ausstellungen die hohe Qualität ihrer Quarter-Horse-Zucht demonstrierte.

King P-234

«King» kam am 25. Juni 1932 zur Welt. Die Quarter Horse Association existierte damals noch lange nicht. Und dennoch wurde dieser Hengst zu einem Eckpfeiler der Quarter-Horse-Zucht. Sein Exterieur galt für über zehn Jahre als Vorbild für den erstrebten Typ. Der Mexikaner Manuel Benavides Volpe im texanischen Laredo hatte ihn gezüchtet. «Kings» Vater war der berühmte «Zantanon», der in Mexiko und in den USA die meisten gelaufenen Rennen gewann, bis er 13 Jahre alt war.

Ein Nachbar von Volpe kaufte «King», als er erst einen Monat alt war, für 150 Dollar. Zwei Jahre danach wurde der junge Hengst für 300 Dollar von Byrne James erworben, der ihn mit vier Jahren zum Calf Roping Horse ausbildete. Noch im selben Jahr lernte Winn Dubose, damals ein bekannter Roper, zufällig «King» kennen. Nachdem er das Pferd geritten hatte, war er von seinen überragenden Qualitäten überzeugt. Er «mußte ihn haben», kaufte ihn für 500 Dollar und nahm ihn drei Tage später mit zum ersten Roping. Nebenbei deckte der Hengst dann für eine Decktaxe von zehn Dollar fremde Stuten.

Ein weiteres Jahr später kauften die drei Hankins Brüder «King» für 800 Dollar. Man hielt das Trio schlichtweg für verrückt, denn kein Mensch gab damals, in der Wirtschaftskrise, soviel Geld für ein Pferd aus. Wenige Jahre später zahlte man aber bereits 500 Dollar Decktaxe für den Hengst, denn er zeugte reihenweise hervorragenden Nachwuchs.

Peppy

«Old Sorrel» war der Gründungshengst der berühmten King-Ranch-Quarter-Horse-Zucht in Texas. Er war der Vater von «Little Richard», der von 1927 bis 1937 auf der Ranch deckte, und der Großvater von «China», einer ausgezeichneten Stute. Aus der Paarung von «Little Richard» und «China» ging 1934 «Peppy» hervor, das erste Pferd, das weitherum auf Ausstellungen als Aushängeschild für das Zuchtprogramm der King Ranch gezeigt wurde. 1936 stand er erstmals im Schauring, und während fünf Jahren wurde er fast ausnahmslos auf jeder Veranstaltung zum Grand Champion gekürt. Die meisten Leute hielten ihn ganz einfach für unschlagbar. Später, als Zuchthengst, zeugte «Peppy» dann eine Reihe hervorragender Pferde, und bis heute hat er einen starken Einfluß auf die Quarter-Horse-Zucht.

Bis in die sechziger Jahre waren die Pferde der King Ranch vom Typ «Peppys»: stark, kräftig bemuskelt und ruhig, mit klaren Köpfen, einer guten Sattellage, meistens schön kupferrot mit sehr wenig oder ganz ohne Weiß. Verglichen mit dem massiveren Stocktyp zeigten sie deutlich Vollbluteinfluß, ohne aber zu hochbeinig zu sein. Diese Tiere wurden von Leuten gezüchtet, die mit Pferden arbeiteten und wußten, was ein gutes, schnelles, starkes und gesundes Pferd wert war.

Nachdem 1940 die AQHA gegründet worden war, wurden von «Little Richards» Nachwuchs 18 Stutfohlen registriert, aber nur ein Hengstfohlen: eben «Peppy».

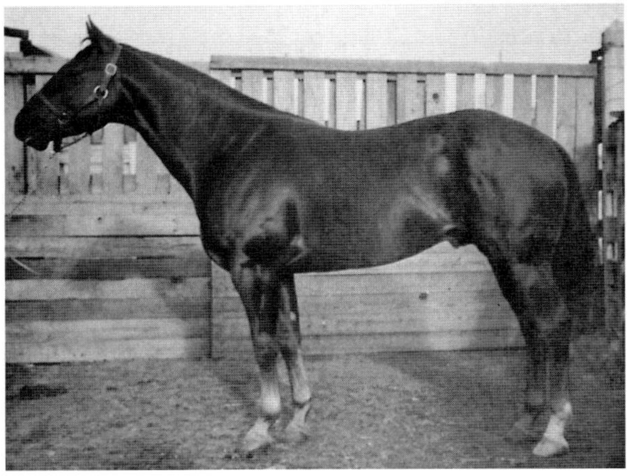

«Wimpy», das allererste Pferd, das in das Register der AQHA eingetragen wurde.

«Poco Bueno» und sein Vater «King P-234» wurden zum berühmtesten Vater-Sohn-Team in der Geschichte der Quarter Horses.

Wimpy P-1

«Old Sorrel», der Gründungshengst der King Ranch in Texas, war väter- wie mütterlicherseits der Großvater von «Wimpy». Seltsamerweise ist bis heute nicht ganz klar, wann dieses Pferd zur Welt kam. Sein Geburtsjahr wird einmal mit 1935, ein anderes Mal mit 1936 oder auch mit 1937 angegeben.

«Peppy», den wir auf der vorhergehenden Seite kennengelernt haben, war vielfacher Grand Champion und holte diesen Titel auch 1940 an der Southwestern Exposition in Fort Worth in Texas. Im folgenden Jahr, als die AQHA bereits gegründet war, sollte derjenige Hengst, der wiederum in Fort Worth diese Auszeichnung holte, der erste Hengst im Zuchtregister der Gesellschaft werden. Die Leute von der King Ranch hielten offenbar von «Wimpy» noch größere Stücke als von «Peppy». Sie ließen letzteren zu Hause – und «Wimpy» wurde Grand Champion und somit auch AQHA-Hengst Nummer eins.

Der Preisgekrönte verbrachte sein ganzes Leben auf der King Ranch und wurde nach seiner Schaukarriere einer der wichtigsten Deckhengste der Ranch. Genau wie alle anderen Hengste der Ranch, wurde er regelmäßig gesattelt und zur Vieharbeit herbeigezogen. Das spricht nicht nur für den guten, umgänglichen Charakter dieser Pferderasse, sondern zeigt auch, daß Deckhengste, die eine Beschäftigung haben, ausgeglichener sind – eigentlich eine ganz logische Sache, die aber hierzulande weitgehend mißachtet wird.

Poco Bueno

«Ein wenig gut» bedeutet der Name «Poco Bueno», wenn man ihn aus dem Spanischen übersetzt. Das ist eine gewaltige Untertreibung, denn in Wirklichkeit war dies eines der bemerkenswertesten Quarter Horses aller Zeiten und stand seinem Vater «King» in nichts nach. Der Hengst wurde von Jess Hankins in Rockspring, Texas, gezüchtet und kam 1944 zur Welt. Als die drei Hankins-Brüder ein Jahr später ihre Jährlinge für die Auktion auf die Transporter brachten, schaute Bruder J. O. den kleinen Hengst lange an und sagte noch: «Ich glaube, es ist ein Fehler, diesen da zu verkaufen». Er wurde dann aber doch E. Paul Waggoner aus Vernon, Texas, für den damals unglaublichen Preis von 5700 Dollar übergeben. «Poco Bueno» wurde noch im selben Jahr Champion unter den Jährlingshengsten und holte in den folgenden Jahren auf den wichtigsten Ausstellungen des Landes regelmäßig den Grand-Champion-Titel. Als Vierjähriger begann seine Karriere als Cutting Horse – und man sagt, daß erst mit «Poco Bueno» das Cutting-Horse-Geschäft wirklich begann. Pine Johnson, der für die Waggoner Ranch Cutting-Prüfungen ritt, sagte von dem Erfolgshengst: «Er war das beste Pferd, dem ich je begegnet bin, nicht nur unschlagbar in der Arena, sondern auch problemlos im Umgang, freundlich und klug. Und seine Hengstfohlen schlugen fast ausnahmslos nach ihm.»

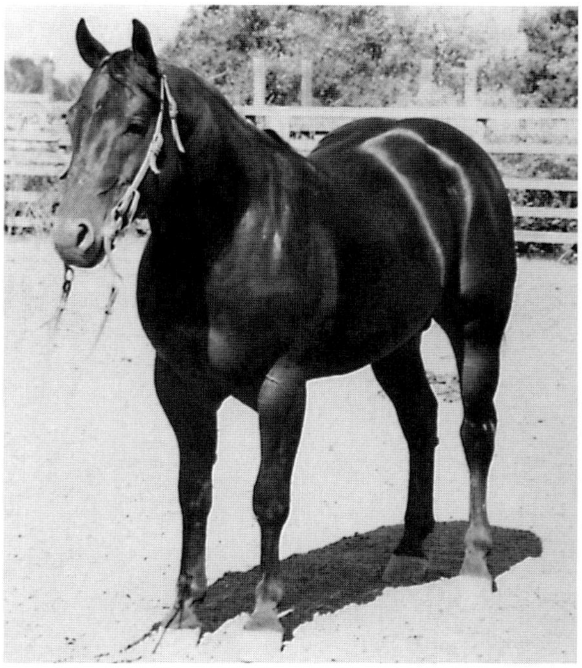

«Poco Tivio» hatte über seine Töchter einen enormen Einfluß auf die ganze Quarter-Horse-Zucht.

«King Fritz» brachte eine Leistungsfähigkeit an den Tag, die weder er noch seine Besitzer je voll ausnützen konnten.

Poco Tivio

«Poco Bueno» hatte so viele großartige Söhne und Töchter, daß es schwer fällt, nur einige wenige davon hervorzuheben. Ohne Zweifel aber war «Poco Tivio» einer seiner allerbesten Söhne. Dieser Quarter-Horse-Hengst war überzeugend im Schauring und danach hervorragend in Cutting-Prüfungen. Vor allem aber wurde er zu einem der bedeutendsten Vererber in der Quarter-Horse-Zucht. Zu seinen Nachkommen zählten vor allem überragende Zuchtstuten. «Poco-Tivio»-Töchter zum Hengst «Doc Bar» zu bringen, war eine Art Zauberformel, aus der so ausgezeichnete Pferde wie «Doc's Oak», «Doc's Remedy», «Cal Bar», «Boon Bar», «Doc's Dee Bar» und zahlreiche weitere Quarter Horses hervorgingen. Viele Züchter schreiben es vor allem «Poco-Tivio»-Töchtern zu, daß «Doc Bar» als Vererber so berühmt wurde.

«Poco Tivio» kam 1947 zur Welt. Er war das erste Fohlen der 1943 geborenen Stute «Sheilwin». Niemand hatte dieser zuvor Beachtung geschenkt, bis Bob Burton von der Waggoner Ranch sie einritt. Sie zeigte dabei ausgezeichnete physische und psychische Anlagen und wurde daher in den auserwählten Kreis der Zuchtstuten aufgenommen. «Sheilwin» wurde ausschließlich von «Poco Bueno» gedeckt, und alle Brüder und Schwestern «Poco Tivios» erwiesen sich als sehr gute Pferde. Das dritte Fohlen, «Poco Lena», wurde zur wohl berühmtesten Cutting-Stute überhaupt.

King Fritz

Er kam 1956 zur Welt, seine Großväter waren «King» und «Poco Bueno», und nach seinem Pedigree war schon etwas von ihm zu erwarten. Fritz und Helen Watkins aus Wasco, Oregon, sahen das Fohlen erstmals, als es drei Monate alt war. Fritz Watkins war mit Pferden aufgewachsen und einer jener Horsemen, die von einem drei Monate alten Fohlen bereits sagen können, was einmal daraus wird. Die Watkins kauften das Fohlen und nannten es «King Fritz». Einige Jahre später sagte Helen über den Hengst: «Er hat sich nie geweigert, etwas zu tun, was wir von ihm verlangten. Und er hatte viel mehr athletische Fähigkeiten, als wir – oder er – jemals ausnützen konnten. Der Hengst war exzellent beim Cutting, als Working Cow Horse, bei Reining und Western Pleasure. Genau so viel Größe zeigte er später als Zuchthengst. Seine Hengstfohlen schlugen durchweg dem Vater nach, und seine Töchter wurden ausnahmslos gute Zuchtstuten.»

Der Trainer Les Vogt aus Kalifornien kaufte «King Fritz» 1971 für 50 000 Dollar, zusammen mit zehn Stuten für weitere 20 000 Dollar. Vier Jahre später mußte er den Hengst allerdings wegen einer unheilbaren Krankheit töten lassen. Les Vogt besaß damals 22 Stuten, die von «King Fritz» tragend waren, aber eine Seuche – Rhinopneumonitis – führte dazu, daß zwanzig dieser Stuten tote Fohlen zur Welt brachten.

Mit seinem Einfluß als Vererber hat «Doc Bar» die Cutting-Horse-Zucht grundlegend verändert.

«Smart Little Lena» gewann in seiner Karriere über 700 000 Dollar, mehr als jedes andere Cutting Horse der Welt.

Doc Bar

Vielleicht ist «Doc Bar» das berühmteste Quarter Horse aller Zeiten. Er revolutionierte die Cutting-Horse-Zucht. Dabei sollte eigentlich aus ihm überhaupt kein Cow Horse werden. Tom und Jack Finley aus Gilbert, Arizona, hatten nämlich ganz andere Absichten, als sie die Stute «Dandy Doll» von «Lightning Bar» dekken ließen. Diese beiden Pferde waren sehr erfolgreich auf der Rennbahn, und so erwarteten die Finleys einen guten Renner. «Doc Bar» lief nur ein einziges Rennen – und kam mit zehn Längen Abstand als letzter ins Ziel. Er war aber auch beim Reining oder Cutting nichts Besonderes, sondern sah nur gut aus – und zeugte einzigartigen Nachwuchs. Doc Bar wurde dreizehnmal in Halterklassen gezeigt, zehnmal wurde er dabei Champion und einmal Reserve Champion.

Der Hengst wurde 1962 als Sechsjähriger von der Familie Jensen gekauft. Vier Jahre zuvor hatten die Jensens eine Ranch in Paicines, Kalifornien, erstanden. Am Anfang wußten sie noch nicht einmal, ob sie Kühe oder Pferde züchten sollten, entschieden sich dann aber für zweiteres, weil sie fanden, Fohlen auf den Weiden wären eigentlich hübscher anzuschauen als Kälber. Mit sehr viel mehr Glück als Kenntnissen kamen sie in den Besitz eines Pferdes, das einen Meilenstein in der Geschichte des Quarter Horses setzte und mit dem sie allmählich ein Vermögen verdienten. «Doc Bar» wurde Vater von 485 Fohlen. Er starb 1992 im Greisenalter von 36 Jahren.

Smart Little Lena

Aus der Paarung von «Doc Bar» mit der großartigen Cutting-Stute «Poco Lena» ging «Doc O'Lena» hervor. Dieser Hengst wurde 1970 Futurity Champion im Cutting; er gewann in allen vier Durchgängen, was bisher noch keinem anderen Pferd gelungen ist. 1978 wurde «Smart Peppy», eine Tochter von «Peppy San», mit «Doc O'Lena» gedeckt, und aus dieser Paarung ging «Smart Little Lena» hervor. Der Namensteil «Little» paßt gut, der Fuchshengst hat ein Stockmaß von nicht einmal 140 Zentimetern. Um so größer ist seine Leistungsfähigkeit. Mit drei Jahren, an der Futurity der National Cutting Horse Association (NCHA) gewann er 1982 die ersten zwei Durchgänge und das Finale. Bereits im selben Jahr holte er stolze 267 000 Dollar an Preisgeldern. 1983 wurde er Super Stakes Champion, Cutting Bonanza Champion und NCHA Derby Co-Champion und erhielt dafür über 300 000 Dollar. 1984 wurde er Masters Champion. Während seiner dreijährigen Karriere brachte er seinen Besitzern 712 000 Dollar ein, die höchste Gewinnsumme in der Geschichte der NCHA.

Heute gehört «Smart Little Lena» einem Syndikat und steht als Deckhengst auf der Tommy Manion Ranch in Aubrey, Texas.

«Smart Chic Olena» ist der erfolgreichste Sprößling von «Smart Little Lena».

Monika sitzt erstmals auf einem Cutting Horse, aber nicht auf irgendeinem, sondern auf «Doc Per», mit einer Gewinnsumme von 500 000 Dollar der «zweitreichste» Cutter der Welt.

Smart Chic Olena

Die «Gay-Bar-King»-Tochter «Gay Sugar Chic» wurde 1984 von «Smart Little Lena» gedeckt und brachte am 22. Januar 1985 ein Hengstfohlen zur Welt, das einmal seinem Vater Ehre machen würde. Als Dreijähriger erreichte «Smart Chic Olena» in der NCHA Futurity das Halbfinale, 1989 das Finale in den Super Stakes. 1990 siegte er in der Houston Livestock Show und wurde AQHA-Weltmeister im Senior Cutting. Im gleichen Jahr deckte er bereits 75 Stuten, 1991 sogar 115 Stuten. Seither ist er als Zuchthengst äußerst gefragt. 1991 bestritt «Smart Chic Olena» seine letzten Prüfungen, aber heute noch wird er immer wieder geritten – und was er zeigt, ist weiterhin eindrucksvoll.

Wir besuchten den Hengst bei Jim und Sharon Babcock in Gainesville, Texas. Sein Trainer, Brent Loseke, brachte ihn aus dem Stall auf eine offene, nicht eingezäumte Sandfläche. Nachdem er den schönen Fuchs eine Viertelstunde lang warmgeritten hatte, zeigte er uns ein Reining, mit dem er noch manche Prüfung hätte gewinnen können. Schließlich hob Brent das Zaumzeug vom Kopf des Pferdes, verschränkte die Arme, galoppierte einen weiten Kreis in mittlerem Tempo, legte dann auf einer Geraden Tempo zu und zeigte uns einen perfekten Sliding Stop. Als Brent vom Sattel stieg, fiel es ihm gar nicht ein, sich selbst bewundern zu lassen; er meinte nur: «Das ist einfach ein gutes Pferd».

Doc Per

Wir hatten Teddy Johnson auf einem Cutting kennengelernt und folgten ein paar Tage später seiner Einladung, ihn zu Hause in Gainesville, Texas, zu besuchen. Unsere Freundin Candy Mercer begleitete uns, und sie hatte zusammen mit Teddy eine Überraschung vorbereitet. Ein hübscher Fuchs wurde gesattelt. Teddy forderte Monika auf, aufzusitzen und mit ihm draußen auf der Weide ein paar Kälber zu holen. Bis diese in der Arena waren, hatte Candy Chaps und einen Hut für meine Frau aufgetrieben, und nun sollte sie zum erstenmal im Leben versuchen, zu «cutten». Monika machte große Augen, als sie spürte, daß das Pferd unter ihr völlig selbständig arbeitete, sobald ihm klar war, um welches Kalb es genau ging. Das Pferd kannte seinen Job, was allerdings kein Wunder war. Erst jetzt erfuhren wir, daß Monika auf einem der beliebtesten und dem zweitgrößten Verdiener unter den Cutting Horses der Staaten saß: auf «Doc Per».

Der 1981 geborene Hengst hatte während seiner Sportkarriere das Publikum wegen seines ganz besonderen Stils zu Begeisterungsstürmen hingerissen. Wie kein anderes Pferd konnte es sich tief hinunter ducken, beobachtete das Kalb, und – während er auf dessen nächsten Fluchtversuch wartete – begann er mit einem Vorderfuß wie ein Kampfstier den Boden aufzuscharren. Mit seiner Schau überzeugte der Hengst die Richter ebenso wie das Publikum immer wieder, was ihm im Laufe der Zeit eine Gewinnsumme von rund 500 000 Dollar einbrachte.

Nächste Doppelseite
Stock Horses auf der IL Ranch in Nevada, keine reingezogene Rasse, aber ein ganz bestimmter, unverwüstlicher Pferdeschlag, wie man ihn für die Cowboyarbeit auch heute noch braucht.

Das American Paint Horse

«I ride an ol' Paint...» Heißt es in einem alten Cowboysong. Tatsächlich hatten Schecken unter den Cowboys genauso ihre Liebhaber wie unter den Indianern. Und sie waren auch bei den Südstaatlern, die vor dreihundert Jahren spurtschnelle Quarter Miler für Kurzstreckenrennen züchteten, ebenso willkommen wie einfarbige Pferde, wenn sie nur schnell waren. Unter den indianischen Chickasaw-Ponys, die in der Anfangszeit der Quarter-Zucht eine wichtige Rolle spielten, gab es viele bunte Pferde. Mit der Geschichte des American Quarter Horse haben wir uns bereits befaßt. Sie ist identisch mit derjenigen des Paint Horses – bis zum Jahr 1940. Damals wurde die American Quarter Horse Association (AQHA) gegründet. In dem Reglement wurden Pferde mit Scheckenzeichnung von der Zucht ausgeschlossen. Gründe dafür sucht man bei der Festlegung der Zuchtrichtlinien vergeblich. Für irgendwelche einflußreichen Leute waren offenbar gefleckte Quarter Horses zu wenig vornehm.

Für das Paint Horse hatte diese Bestimmung zunächst einmal fatale Folgen. Während zwei Jahrzehnten wurden zwar nach wie vor Paints gezüchtet, aber es gab keine geregelte Zucht. Viele Quarter-Züchter sahen nicht ein, weshalb ihre Schecken nun plötzlich nichts mehr wert sein sollten, und die Nachfrage gab ihnen recht: Paints waren nach wie vor beliebt und für gutes Geld zu verkaufen. Außerdem ärgerte sich mancher Züchter, der sich an die neuen Bestimmungen hielt und mit einfarbigen Pferden züchtete, weil trotzdem immer wieder einmal ein buntes Fohlen im Stall stand. Noch heute, über fünfzig Jahre nach der Gründung des Verbandes, zeugen einfarbige Quarter-Eltern gelegentlich Scheckfohlen.

Um diesen Mißstand zu beseitigen, gründeten Paint-Horse-Züchter 1961 in Texas ihren eigenen Zuchtverband, die American Paint Quarter Horse Association (APQHA). In das Zuchtregister wurden reine gescheckte Quarter Horses und ausgesuchte Pferde mit Quarter-Horse-Abstammung aufgenommen. Außerdem gab es eine Registrierung für einfarbige Fohlen aus bunten Eltern – auch das kommt immer wieder vor.

Ein Jahr später lud Rebecca Tyler zwanzig Paint-Züchter zu sich nach Gainesville in Texas ein. Ihre Absicht war es, das zu Unrecht vernachlässigte Paint Horse zu fördern und zur anerkannten Rasse zu entwickeln. Als passionierte Züchterin hatte Mrs. Tyler ungewöhnliche Kenntnisse über Blutlinien in der gesamten Quarter-Zucht. Zusammen mit ihren Gästen gründete sie die American Paint Stock Horse Association (APSHA). Um im Register dieses Verbandes aufgenommen zu werden, mußte ein sonst einfarbiges Pferd am Körper minde-

LINKE SEITE
Wie man hier sieht, gibt es auch dreifarbige Paint Horses.

Paints finden in Amerika und in vielen anderen Ländern immer mehr Anhänger.

Overo, fast einfarbig bis beinahe weiß.

stens drei Flecken von wenigstens 7,5 Zentimetern Durchmesser, ein sonst weißes Pferd am Körper mindestens einen dunklen Fleck von wenigstens 15 Zentimetern Durchmesser aufweisen. Ausgeschlossen wurden hingegen Paßgänger und Tölter.

Beide Gesellschaften waren sehr aktiv und gewannen in kurzer Zeit zahlreiche Mitglieder aus den meisten amerikanischen Bundesstaaten. Und da beide Verbände eigentlich genau das gleiche Ziel verfolgten, war es nur sinnvoll, daß sie sich zusammenschlossen und im Sommer 1965 gemeinsam die American Paint Horse Association (APHA) aus der Taufe hoben, den heute noch bestehenden Zuchtverband.

Der Erfolg blieb nicht aus. Es gibt auf der ganzen Welt wahrscheinlich keinen Zuchtverband – mit Ausnahme der AQHA –, der schneller wächst. Heute sind rund 150 000 Paint Horses registriert, und jedes Jahr kommen rund 15 000 neue hinzu.

Mit dem aufkommenden Interesse am Westernreiten gelangten natürlich außer den einfarbigen Quarter Horses und Appaloosas auch Paint Horses nach Europa. Der erste Paint war wahrscheinlich der Hengst «Soreno Warrior», den der Amerikaner Alan Jacob 1978 nach Deutschland brachte. Jacob gründete in Otterberg die American Horse Farms, wo nach wie vor amerikanische Pferde gezüchtet werden. «Soreno Warrior» hat in Deutschland und weit über dessen Grenzen hinaus zahlreiche Nachkommen.

Am 22. Januar 1983 wurde in Hagen in Westfalen der Paint Horse Club Germany (PHCG) gegründet, der wenig später von der APHA anerkannt wurde. Und seit November 1994 gibt es die Swiss Paint Horse Association (SPHA), eine ebenfalls vom amerikanischen Dachverband anerkannte Vereinigung. Beide Verbände bemühen sich um das Bekanntwerden der auffallenden Schecken, um Importe solcher Pferde aus Amerika und um eine ständige Verbesserung der Zucht.

Das ist notwendig, denn leider hat in den Vereinigten Staaten das Paint Horse in den letzten Jahren viel von seinem guten Ruf verloren. Viele Paints werden dort gar nicht geritten, sondern in Halterklassen an der Hand präsentiert, und dementsprechend sind die Zuchtziele nicht mehr Leistung und Rittigkeit ausgerichtet, sondern nur noch auf «Schönheit». Es passiert also dasselbe wie vielerorts mit den Arabern, auch wenn die Vorstellungen von Schönheiten ganz unterschiedlich sind. Beim Showpaint ist möglichst viel Masse an Hinterhand und Schulter gefragt, die Gliedmaßen sollen aber möglichst fein gebaut sein. Das Ergebnis sind Pferde, deren Beine im Vergleich zum Körper viel zu schwach sind.

Diesem Unsinn muß man unbedingt entgegenwirken. Bezüglich des Exterieurs und des Charakters müssen in der Paint-Horse-Zucht die gleichen Kriterien gelten wie in der Quarter-Horse-Zucht. Gefragt ist also ein kompaktes, stark bemuskeltes Pferd mit auffallend kräftiger, aber nicht aufgepumpt wirkender Hinterhand und mit korrekten, trockenen Beinen.

Wie beim Quarter wird neben dem vielseitigen Gebrauchstyp ein besonders schneller Renntyp gezüchtet, und wie beim Quarter setzt man dazu gelegentlich Englische Vollblüter in der Zucht ein. Nach wie vor kommen zur Blutauffrischung auch einfarbige Quarter-Hengste in die Paint-Zucht. Die Zucht von gescheckten Pferden ist kompliziert und immer auch eine Glückssache: Man weiß nie mit Sicherheit, was für ein Fohlen aus einer Paarung hervorgeht. Sicher ist nur, daß Schecken immer schon als solche zur Welt kommen. Bei Tigerschecken kann die Fleckenzeichnung allerdings erst später hervortreten. Die weißen Flecken liegen im-

Tobiano, ebenfalls fast einfarbig bis beinahe weiß.

Rechts Tobiano-Paint-Hengst «High Fidelity» trägt wenig «Chrom» (Weiß).

Links Der Paint-Hengst «Easter Sunrise» – Tobiano oder Overo? Das ist hier die Frage.

Jean-Claude Dysli trainiert eine junge Paint-Stute. In der Paint-Zucht muß auf Leistung großer Wert gelegt werden. Reine Schönheitszucht gerät unweigerlich in die Sackgasse.

UNTEN Weder-Noch-Pferde oder sogenannte Tobiano-Overos.

mer auf rosaroter, also unpigmentierter Haut, nicht auf dunkler, wie sie die Schimmel aufweisen. Schecken mit viel Weiß am Kopf haben daher oft hellbaue Augen.

Man unterscheidet zwei Schecktypen: den Overo und den Tobiano. Overos haben typischerweise viel bis sehr viel Weiß am Kopf. Oft sind die Beine dunkel, aber durchaus nicht immer. Die weißen Flecken am Körper gehen vom Bauch oder von den Seiten aus und kreuzen nie die Rückenlinie. Der Ausdruck Overo war ursprünglich die argentinische Bezeichnung für alle Schecken; in Argentinien soll es früher ausschließlich Overo-Schecken gegeben haben. Ein Brasilianer namens Tobias brachte aber einen ganz anders gezeichneten Schecken nach Argentinien, und nach ihm sollen die Gauchos später Schecken mit dieser «seltsamen» Musterung Tobianos genannt haben.

Diese haben in der Regel wenig oder auch gar kein Weiß am Kopf, dafür meistens vier weiße Beine. Die ebenfalls weißen Flecken am Körper gehen vom Rücken aus oder kreuzen mindestens die Rückenlinie. Meistens sind die Konturen der Flecken klar begrenzt, während die Ränder bei den Overo-Flecken oft wild zerrissen wirken.

Da es bei beiden Typen die verschiedensten Variationen gibt, kann man gelegentlich einen Paint nach seiner Scheckung weder dem einen noch dem anderen Typ zuordnen. Wesentlich aber ist, daß sich Overos anders vererben als Tobianos, nämlich *rezessiv*. Wird also ein Overo mit einem Pferd gepaart, das in seinem Erbgut diese Anlage nicht hat, entsteht ein einfarbiges Fohlen. Allerdings kann dieses Fohlen die Overo-Anlage dennoch geerbt haben und selbst Overo-Fohlen zeugen – sofern sein Partner ebenfalls solche Overo-Anlagen hat. Es gibt zahlreiche Beispiele von Pferden, in denen das Overo-Gen steckte und die nach vielen Generationen einfarbiger Tiere plötzlich wieder Schekken hervorbrachten. Tobianos hingegen vererben sich *dominant*. Auch wenn nur ein Elternteil die Tobiano-Anlage besitzt, entsteht in aller Regel ein geschecktes Fohlen.

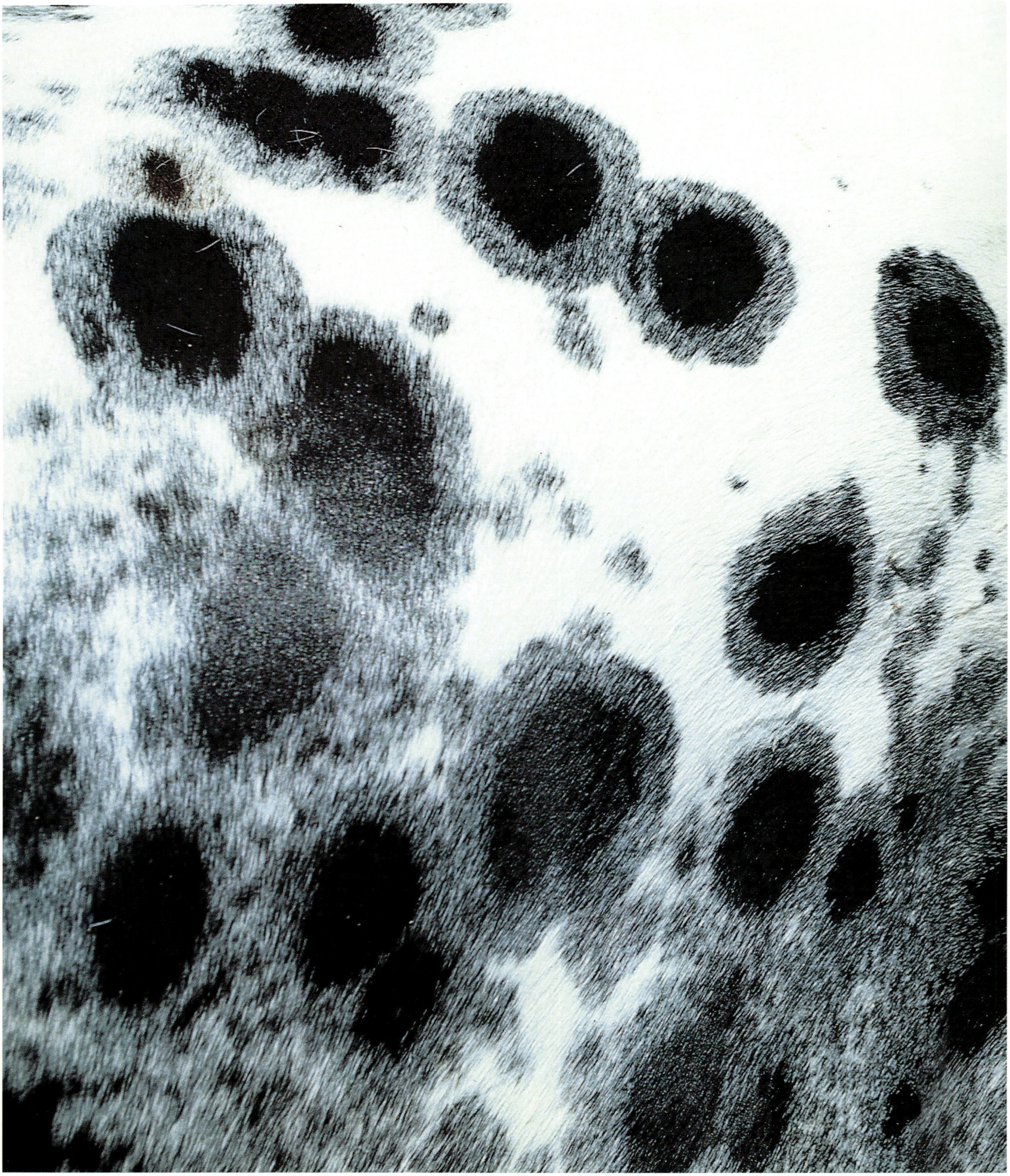

Das Appaloosa Horse

Linke Seite
Runde «Leoparden»-Flecken gehören zu den Markenzeichen der Appaloosas, auch wenn sie nicht jeder trägt.

Die Geschichte der Appaloosas reicht nicht nur bis nach Spanien in der Zeit um Christi Geburt zurück, sondern noch rund tausend Jahre tiefer in die Vergangenheit. Und sie ist so spannend, daß wir sie hier wenigstens kurz beleuchten wollen.

Menschen der Eiszeit haben bereits gefleckte Pferde gemalt. Besonders bekannt und eindrucksvoll ist ein Höhlenbild aus Pech Merle in Frankreich, das vor fünfzehn- bis zehntausend Jahren entstanden ist. Es zeigt zwei Pferde, Hinterteil an Hinterteil stehend, und sie sind übersät mit runden, schwarzen Tupfen, wie bei einem Tigerschecken. Allerdings gibt es auch um die Pferde herum noch zahlreiche schwarze Tupfen. Manche Hippologen sind aufgrund dieser Darstellung der Ansicht, daß es schon Urwildpferde mit Fleckenmustern gab – ich persönlich glaube es nicht und schreibe die Tupfen der künstlerischen Freiheit jener Maler zu. Bei keiner bekannten Wildpferdeform findet man Flecken, nicht einmal andeutungsweise. Wo bei Wildpferden Zeichnungen auftreten, sind es Streifen, nicht nur bei den Zebras, sondern mehr oder weniger deutlich auch an den Beinen von verschiedenen wildfarbenen Pferden und von Wildeseln. Ob es in der Eiszeit gefleckte Pferde gab oder nicht, weiß niemand mit Sicherheit.

Daß aber vor dreitausend Jahren Pferde mit Tupfen herumliefen, ist glaubwürdig. Zu jener Zeit eroberten asiatische Reiterscharen das östliche Europa. In Österreich zum Beispiel fand man Gräber von diesen Kriegern, und darin lagen viele interessante Gegenstände, denn bei jenen Völkern war es Brauch, daß man jedem Toten sein Hab und Gut mit ins Grab legte. Unter den zahlreichen Fundstücken fand man eine Säbelscheide, auf der deutlich vier gefleckte Pferde dargestellt sind.

Vor etwa 2500 Jahren berichtete auch der griechische Geschichtsschreiber Herodot von gefleckten Pferden. Herodot erzählte von den Persern, die hartnäckig immer wieder Griechenland angriffen und trotz großer Überzahl ebensooft wieder zurückgeschlagen wurden. Besonders interessant für uns ist der blutige Überfall des persischen Königs Xerxes im Jahre 480 v.Chr. auf die Griechen: Der königliche Streitwagen wurde nach der Schilderung von gefleckten Pferden gezogen. Diese «Heiligen Pferde» wurden damals auf einem besonderen Gestüt ausschließlich für den König und für einige Auserwählte gezüchtet. Aus jener Zeit gibt es auch persische Gedichte und Bilder zum Thema gefleckte Pferde.

Mit der Zeit wurden die heiligen persischen Pferde in der ganzen antiken Welt berühmt. Etwa 125 v.Chr. setzte sich der chinesische Kaiser Wu-Ti in den Kopf, ebenfalls solche Pferde zu besitzen. Er bot dem persischen König viel Gold im Tausch gegen eine Zuchtgruppe gefleckter Pferde an, doch dieser wollte von dem Handel nichts wissen. Wu-Ti schickte daraufhin ein beschicktes Heer nach Persien, um die begehrten Pferde zu erbeuten. Bei dem mehrjährigen Krieg sollen rund vierzigtausend Soldaten und eine Million Pferde ihr Leben verloren haben. Aber den Chinesen gelang es, die «himmlischen Pferde aus dem Westen», wie sie sie nannten, als Beute mit nach Hause zu bringen. Chinesische Maler haben sie danach auf zahlreichen Bildern und Vasen festgehalten.

Diese Appaloosa-Stute ist marmor- oder stichelhaarig (Marble oder Roan) mit angedeuteter Decke (Blanket) über der Kruppe. Viele Appaloosas, insbesondere Stuten, lassen keine wirklich klaren Zeichnungen erkennen.

Aus dem Orient gelangten schon vor über tausend Jahren gescheckte und getupfte Pferde nach Spanien. Vor allem in Andalusien wurden sie weitergezüchtet. Von dort erhielt der österreichische Kaiser Ferdinand um 1560 einige gefleckte Hengste und Stuten, die zunächst auf das Hofgestüt Kladrub (heute tschechisches Staatsgestüt) kamen. Später wurde dann ein Teil dieser Pferde in ein anderes Hofgestüt gebracht, nach Lippica im Karstgebirge in der Gegend von Triest. Dort entstand die berühmte Lipizzanerrasse (warum die Pferde gerade so und nicht «Lippicaner» heißen, wie es eigentlich logisch wäre, ist uns nicht bekannt). Heute sind die Lipizzaner fast ausschließlich Schimmel, früher aber gab es unter ihnen viele getupfte Pferde.

Vom Hofgestüt Kladrub hatte auch ein Bischof von Salzburg getupfte Pferde erhalten, die auf dem klösterlichen Gestüt mit schweren Kaltblutpferden gekreuzt wurden. Die getupften Arbeitspferde wurden im Pinzgau, in einer Gebirgsgegend südlich von Salzburg, besonders beliebt und als bis heute bestehende Rasse der Pinzgauer herausgezüchtet.

Zu Beginn der Barockzeit tauchten auf französischen Gemälden, auf pompösen Kriegs- und Jagdszenen, gefleckte Pferde auf. Berühmt wurde das Gespann von König Ludwig XVI. von Frankreich, nicht nur, weil es aus getupften Pferden bestand, sondern weil dieses Gefährt stets von zwei dazu passenden Dalmatinerhunden begleitet wurde.

1685 gelangte ein getupfter Hengst nach England. Er wurde berühmt, weil er seine aparte Färbung durchschlagend weitervererbte und in England eine Tigerscheckenzucht begründete, die heute noch existiert.

Auch in den königlichen Stallungen in Dänemark kamen die gefleckten Pferde in Mode. 1680 schenkte König Christian V. seiner Schwester ein Gespann aus sechs Tigerschecken spanischen Blutes. Die Zucht der gefleckten Pferde wollte aber hier nie so recht gelingen, weil offenbar Tiere fehlten, welche die Fleckenzeichnung auch weitervererbten. Zum Leidwesen vieler Züchter kommt es nämlich immer wieder vor, daß die Nachkommen der schönsten Schecken einfarbig sind. Wie wir schon bei den Paints gesehen haben, vererben auch bei den Tigerschecken manche Tiere dominant, andere aber rezessiv.

Im Jahre 1808 kaufte ein dänischer Metzger von einem spanischen Offizier eine getupfte Stute. Das Pferd landete nicht auf der Schlachtbank, sondern wurde gedeckt und brachte regelmäßig gefleckte Fohlen zur Welt, die ihrerseits die Fleckenzeichnung weitervererbten. So entstand in Dänemark die Rasse der Knabstruper, die heute noch gezüchtet wird.

Gelegentlich gelangen solche Tiere in andere europäische Länder – und werden dort sogar

Clint Haverty reitet einen Appaloosa-Hengst, der eine Schabrackenscheck-Zeichnung mit Flecken zeigt (Blanket with few Spots).

Peggy Boomers Champion Appaloosa «Carry Over», ein Schabrackenscheck oder Blanket Pattern in Fuchsfarbe.

Ein falbfarbener Appaloosa mit großen «Schneeflocken» auf der Kruppe – eine wirkliche Rarität.

Leopard Pattern oder Tigerschecke nennt man diese Zeichnung.

als Appaloosas verkauft. Immerhin ist der Ursprung des dänischen Knabstrupers derselbe wie jener des Appaloosa: Er liegt in getupften Pferden Iberiens. Solche gelangten auch in großer Zahl nach Amerika.

Im heutigen Grenzgebiet der Staaten Washington, Idaho und Oregon lebten um das Jahr 1700 rund dreitausend Angehörige der Nez-Percé-Indianer. Ihre Nachbarn waren die Shoshoni, mit denen sie in Frieden lebten und Tauschhandel trieben. Eines Tages kehrten einige Nec Percé zurück zu ihrem Stamm und erzählten ihren Brüdern eine fast unglaubliche Geschichte: Die Shoshoni besaßen nach ihrer Schilderung ein merkwürdiges Tier, das Gras fraß und so groß wie ein Elch war. Und obschon es sehr stark war, konnte man es mühelos an einem Strick herumführen. Zudem war es von freundlichem Charakter, folgsam und vermochte auch schwere Lasten zu tragen.

Im folgenden Sommer besaßen die Shoshoni bereits mehrere dieser Tiere, und die Nez Percé opferten einen beträchtlichen Teil ihrer Vorräte, um eine trächtige, weiße Stute zu erhalten. Ob es sich um einen Schimmel oder einen Albino handelte, ist nicht bekannt. Jedenfalls wurde das Pferd zur großen Sehenswürdigkeit, und aus allen Dörfern kamen die Stammesangehörigen, um es zu bewundern.

Der schicksalhafte Pferdehandel ereignete sich um 1710. Zwanzig Jahre später besaß bereits jedes Nez-Percé-Dorf seine eigene Pferdeherde. Offenbar hatten sich die dortigen Bewohner nicht nur gute Kenntnisse im Umgang mit diesen Tieren und im Reiten angeeignet, sondern auch in der Zucht. Es scheint, daß sie die einzigen Indianer überhaupt waren, die eine systematische Pferdezucht aufbauten. Sie ließen es nicht zu, daß sich die Tiere einfach wahllos paarten. Zur Zucht wurden nur Pferde verwendet, die sich bereits als besonders schnell, ausdauernd und mutig gezeigt hatten. Aber noch eine weitere Anforderung wurde an die Zuchttiere gestellt: Sie mußten ein schönes Fleckenfell tragen. Die schlechteren Pferde verwendeten sie als Pack- oder als Reittiere für Frauen und für die alten Leute, während die besten von den Jägern und Kriegern beansprucht wurden. Durch diese gezielte Zuchtauswahl entstand der Appaloosa, eine Rasse, die sich sowohl durch ihre große Eignung als Reitpferde als auch durch ihre aparte Erscheinung auszeichnet.

Die Dörfer der Nez Percé lagen im Tal des Flusses Palouse. Als die ersten weißen Händler und Siedler in jene Gegend kamen, bewunderten sie die Schönheit der Indianerpferde. Ein aus dem Palouse Valley kommendes Pferd nannten sie «A palouse horse» – und daraus entstand die Rassenbezeichnung Appaloose Horse.

Die Fortsetzung gehört zu den zahlreichen grausamen Kapiteln in der Geschichte Amerikas. Am 15. Mai 1877 gab General Howard den Nez Percé den Befehl, innerhalb von dreißig Tagen ihre angestammte Heimat zu verlassen und in ein Reservat nach Idaho umzuziehen. Die Indianer packten ihr Hab und Gut, trieben ihre Pferde zusammen und machten sich auf den langen Weg. Nach kurzer Zeit kamen sie zum Snake River, einem eiskalten, reißenden, vierhundert Meter breiten Fluß. Um ihn zu überqueren, bauten die Indianer Flöße aus Baumstämmen und Büffelhaut, auf welche Kinder, Frauen und alte Leute verladen wurden. Ein Teil der Pferde wurde an die Flöße gebun-

Linke Seite
Ein Leopard- oder Tigerschecke. Der Kopf des «modernen» Appaloosas entspricht etwa demjenigen des Quarter Horses: kurz und breitstirnig mit geradem Profil. Der Kopf des alten Typs war länger und etwas ramsnasig.

den. Die Krieger setzten sich auf die im Wasser schwimmenden Tiere und trieb diese mitsamt der Last über den Fluß, immer wieder, bis alle Leute am anderen Ufer waren. Kein einziger Indianer verlor bei der dramatischen Flußdurchquerung sein Leben, aber etwa neunhundert Pferde, zumeist Fohlen und hochtragende Stuten, wurden von den tückischen Fluten davongerissen und ertranken. Dies war einer der traurigsten Tage im Leben der Nez Percé.

Wenig später kam es zu einem verhängnisvollen Zwischenfall: Drei junge Indianer gerieten in einen Streit mit weißen Siedlern und töteten vier von ihnen. Daraus entstand eine erbitterte Hetzjagd durch die weiße Armee, die sich über dreieinhalb Monate hinzog und bei der die Indianer nahezu zweitausend Kilometer zurücklegten. Sie kämpften in 13 Schlachten gegen zehn verschiedene Einheiten der US-Kavallerie. Am Ende der Auseinandersetzungen standen etwa neunhundert Soldaten 120 Indianern gegenüber. Die Nez Percé ergaben sich am 5. Oktober 1877. Sie wurden in ein Reservat verbannt. Alle ihre Pferde wurden beschlagnahmt und später an einer großen Auktion versteigert.

Das wäre beinahe der Untergang der Appaloosa-Rasse gewesen. Denn praktisch niemand dachte daran, die nach der Versteigerung in alle Winde zerstreuten Pferde rein weiterzuzüchten. Nur ein Rancher namens Claude Thomson und der Historiker Francis Haines setzten sich ab 1937 gemeinsam für die Erhaltung des Appaloosa ein und gründeten mit dem Appaloosa Horse Club einen eigenen Zuchtverband. 1940 gehörten zu dem Club 55 Mitglieder und 113 eingetragene Pferde. Doch schon bald nahm die Appaloosa-Zucht einen gewaltigen Aufschwung. Heute gibt es in aller Welt über 30 000 Clubmitglieder und ungefähr 650 000 eingetragene Pferde. Der Appaloosa bildet damit nach dem Quarter Horse und dem Englischen Vollblut die drittgrößte Rasse der Welt.

Der ursprüngliche Typ des Appaloosa hat einen mittellangen, leicht ramsnasigen Kopf und erinnert auch im übrigen Bau an seine spanisch-berberischen Vorfahren. Durch den Einfluß von Vollblutpferden, Morgan Horses und vor allem Quarter Horses ist der moderne Appaloosa kompakter geworden und besitzt einen kürzeren, keilförmigen, breitstirnigen Kopf. Um ins Zuchtregister aufgenommen zu werden, müssen die Kreuzungsprodukte folgende Merkmale aufweisen: Die Haut an Maul und Genitalien muß teilweise unpigmentiert, also gesprenkelt sein («Krötenmaul»); die Augen müssen um die Iris weiß, die Hufe vertikal gestreift sein.

Rassentypisch für die Appaloosas sind die auffälligen Fellzeichnungen, von denen man sechs Muster unterscheidet. Bei Appaloosas kommen sämtliche Grundfarben vor, vom Rappen bis zum Schimmel, aber fast immer gibt es ein rassentypisches Zeichnungsmuster. Der Schabrackenschecke mit Tupfen (Spotted Blanket) hat eine dunkle Grundfarbe mit weißer Nierenpartie und Kruppe mit dunklen, runden Tupfen darin. Der Schecke mit weißer Schabracke zeigt eine dunkle Grundfarbe mit einer Decke ohne Tupfen. Der Marmorschecke, im Englischen Marble oder Roan, weist bei dunkler Grundfarbe zahlreiche einzelnstehende weiße Haare auf, ist also stichelhaarig. Oft haben die Marbles schattenhafte Tupfen. Der Leopard oder Tigerschecke ist weiß und von Kopf bis Fuß mit rundlichen Tupfen übersät. Der Schneeflockenschecke oder Snowflake besitzt auf dunkler Grundfarbe am ganzen Körper kleine, weiße, verschwommene Flecken. Der Frostkruppenschecke oder Frost Hip schließlich hat eine dunkle Grundfarbe und auf der Kruppe mehr oder weniger klare, weiße, rauhreifähnliche Flecken.

Etwa ein Drittel aller Appaloosas kommt einfarbig zur Welt und ist nur durch die anderen Rassenmerkmale – die weiß umrandete Iris, die vertikal gestreiften Hufe und die gefleckte Haut im Genitalbereich – erkennbar. Die meisten dieser Pferde werden im Alter von drei bis vier Jahren zu Frost Hips oder Snowflakes und wechseln dann zu Marble oder Roan, dem bei Appaloosas häufigsten Zeichnungsmuster. Ein kleiner Prozentsatz der Fohlen ist einfarbig und bleibt es auch. Es ist möglich, sie als Zuchttiere zu registrieren, da sie wiederum gefleckten Nachwuchs bringen können. Auf Appaloosa-Veranstaltungen in den USA sind sie allerdings nicht zugelassen.

Hengste lassen in der Regel deutlich klarere Zeichnungen als Stuten erkennen, aber es gibt in dieser Hinsicht viele Ausnahmen. Nie weiß man mit Sicherheit, welches Muster ein Fohlen haben wird. Es muß weder dem Vater noch der Mutter nachschlagen, sondern kann jede mögliche Fellzeichnung bringen. Einige Blutlinien vererben aber ihre Zeichnung besser als andere.

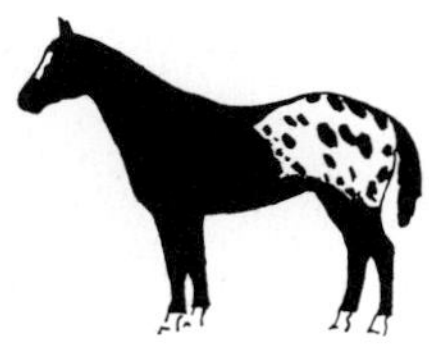

Die sechs Grundmuster, von oben nach unten: Marble oder Roan, Snowflake, Leopard, Frosted Hip, Spotted Blanket und White Blanket.

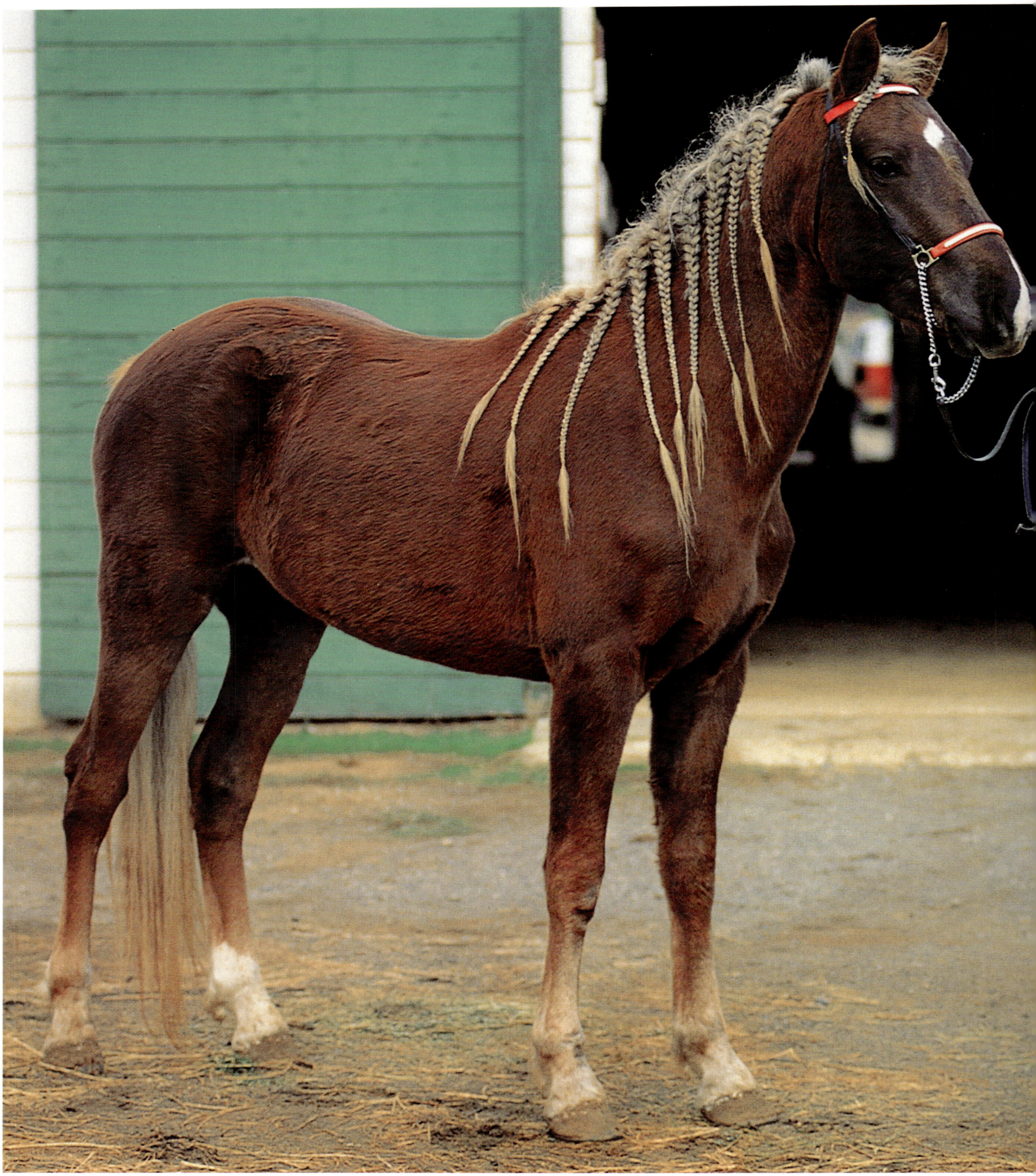

Das Morgan Horse

W. Robert Morgan züchtet seit rund vierzig Jahren Morgan Horses in Gilroy, Kalifornien. Sein Trainer J. W. Finney führt uns hier den Zweijährigen «Triton W W Taylor» vor.

Um den Ursprung des Morgan Horses ranken sich verschiedenste Legenden. Nach der gängigsten kam im Jahre 1789 in Springfield, Massachussetts, ein ungewöhnlich hübsches Fohlen zur Welt. Der junge, pferdeverrückte Lehrer Justin Morgan kaufte es einige Jahre später und brachte es nach Randolph Center. Das Pferd war dunkelrotbraun gefärbt, besaß schwarze Beine und eine auffallend üppige schwarze Mähne, einen ebensolchen Schweif, einen kurzen Rücken, eine außergewöhnlich starke Bemuskelung an Kruppe und Schultern, einen hochgetragenen, kräftigen Hals und einen sehr edlen, kurzen Kopf mit kleinen Ohren, gerader Nasenlinie und großen, ausdrucksvollen Augen. Obschon das Pferdchen nur um 135 Zentimeter Stockmaß hatte, war es sehr schnell und außergewöhnlich ausdauernd.

Immer wieder kamen Leute mit ihren Rennpferden zu Morgan, die den Kleinen zum Wettkampf herausforderten. Er soll jedoch kein einziges Mal geschlagen worden sein. Dummerweise war der Lehrer verschuldet und mußte eines Tages sein Pferd einem reichen Farmer überlassen. Er durfte es aber weiterhin an den sonntäglichen Rennen reiten und tat das so überzeugend, daß der Farmer schließlich einsah, daß das Pferd eigentlich zu Morgan gehörte und es ihm schenkte. So kam das Tier auch zu seinem Namen, «Justin Morgan».

Der Hengst vererbte seine hervorragenden Qualitäten durchschlagend. Seine ersten Fohlen wurden sehr bewundert, und in kürzester Zeit kamen die Leute von weit her, um von dem Prachtshengst ihre Stuten decken zu lassen.

So entstand vor rund zweihundert Jahren die erste Pferderasse der Vereinigten Staaten. Bereits ab 1850 wurde ein Zuchtbuch geführt, 1894 die heute noch bestehende American Morgan Horse Association mit Sitz in West Hartford, Connecticut, gegründet. Dort wird auch das Zuchtregister betreut.

Die ausgezeichneten, heute um 155 Zentimeter großen Morgan Horses werden vor allem als Reittiere gezüchtet, oft aber auch vor den leichten Wagen gespannt. Rund 50 000 Morgans sind gegenwärtig registriert. Die wichtigsten Zuchtgebiete liegen in den Bundesstaaten Vermont, Connecticut und Kalifornien.

Unter den Westernpferden spanischer Herkunft gibt es viele mit auffallenden Farben. Liebhaber versuchen immer wieder, aus verschiedenen Farbschlägen Rassen herauszuzüchten.

Palomino und Albino

Paint Horses und Appaloosas sind anerkannte Rassen. Neben diesen bunten Pferden gibt es in den USA weitere Farbzüchtungen, von denen er die meisten keiner eigentlichen Rasse angehören. Der Palomino zum Beispiel ist ein goldfarbenes Pferd, Mähne und Schweif sind flachsblond bis weiß. In der Palomino-Zucht werden zwar Pferde mit möglichst fehlerfreiem Exterieur und ohne Kaltbluteinschlag verlangt, der Typ aber ist Nebensache. Wirklich zählt nur die Farbe. Heute stehen viele Palominos im Typ des Quarter Horses, manche sind gebaut wie Morgan Horses, wie Tennessee Walkers oder wie Araber. Es gibt in den Staaten drei Palomino-Zuchtverbände. Alle haben das gleiche Ziel: eine Rasse herauszuzüchten, welche die begehrte Farbe konstant vererbt. Es sieht aber ganz so aus, als ob dies nie gelingen würde; bisher wird im Durchschnitt nur ungefähr die Hälfte der Fohlen von Palomino-Eltern selbst wieder zu Palominos.

Leichter haben es in dieser Hinsicht Albinozüchter: Aus Albinoeltern gehen immer Albinos hervor. Selbst mit andersfarbigen Stuten erzeugen Albinohengste noch rund 75 Prozent Albinofohlen.

Bekanntlich ist nicht jedes weiße Pferd ein Schimmel. Während dieser eine dunkle Haut und dunkle Augen hat, mit dunklem Fell zur Welt kommt und erst im Laufe der Jahre hell wird, sind Albinofohlen schon bei der Geburt weiß oder cremefarben, haben eine rosafarbene Haut und blaue oder hellbraune Augen. Albinos gibt es in verschiedensten Typen, aber viele stehen im Typ des Morgan Horses. In den USA haben die «Weißlinge» einige tausend Fans, die in der American Albino Association zusammengeschlossen sind.

Mit dem Ausdruck Pinto oder Pintado bezeichnete man früher jeden Schecken, egal welcher Herkunft, Rasse oder Größe. Besonders viele gefleckte Pferde gab es unter den Westernpferden spanischer Herkunft. 1941 wurde die erste Pinto Horse Society gegründet, aber bald wieder aufgelöst, weil der Pinto nicht als Rasse anerkannt wurde. 1956 entstand die Pinto Horse Association of America, die durch sorgfältige Zuchtwahl den Pinto in einem ganz bestimmten, harmonischen und edlen Typ als Rasse herauszüchten will. Wie bei den Paints gibt es auch bei den Pintos die beiden Zeichnungstypen Overo und Tobiano.

LINKE SEITE
Dieses Quarter Horse ist ein Palomino. Das bezieht sich nicht etwa auf die Rasse, sondern nur auf die Farbe des Fells.

Westernreiten ohne Westernpferde

Mancher Europäer möchte heute gern auf den Westernreitstil oder den Westernsport umsteigen, hat aber kein amerikanisches, sondern irgend ein anderes Pferd zur Verfügung, von dem er sich nicht trennen möchte, oder er kann sich ganz einfach kein Quarter Horse leisten. Das ist kein Grund, um im Englischsattel sitzenzubleiben. Jedes Pferd, das sich irgendwie zureiten läßt, kann man auch nach Westernart reiten. Für das Reiten im Gelände gibt es ja auch keinen geeigneteren Stil.

Etwas anders sieht es aus, wenn man in den Westernturniersport einsteigen möchte. Um hier Aussichten auf Erfolg zu haben, muß das Pferd in bezug auf Körperbau, Temperament und Charakter gewisse Voraussetzungen mitbringen. Ideal ist ein Stockmaß zwischen 145 und 155 Zentimetern. Das entspricht auch der Größe der Quarter Horses, Paints und Appaloosas. Der Körperbau muß kompakt sein, kraftvoll, aber nicht plump. Der Rücken hat kurz und gut mit der Kruppe verbunden zu sein, die Lendenpartie breit und kräftig. Vorteilhaft ist eine verhältnismäßig lange, abfallende Kruppe mit einer starken, tief hinunterreichenden Bemuskelung. Die Beine müssen gerade, gut gewinkelt und trocken sein. Vom Charakter her soll das Pferd wach, sensibel, lernfähig und leistungsbereit sein, im Temperament lebhaft, aber nicht zu hitzig.

Die Warmblüter, die heute in ganz Europa vor allem für den Springsport gezüchtet werden, zeigen in den meisten Fällen wenig Eignung für den Westernsport. Sie sind in der Regel zu groß, zu lang im Rücken und in den Beinen, zu wenig wendig und spritzig. Am ehesten kann man sie noch in Trail-Prüfungen einsetzen. Unter verschiedenen anderen Warmblutrassen findet man aber gut geeignete Westernpferde, zum Beispiel Andalusier und Lusitanos.

Manche Araber bringen sehr gute Voraussetzungen für den Westernreitsport mit. Sie sind intelligent, überaus sensibel und lernbereit, haben eine gute Größe und sind schnell und wendig. Sie sollten allerdings nicht im allzu feinen, langgliedrigen Schautyp stehen, der in den letzten Jahrzehnten leider häufig gezüchtet

Der polnisch gezogene Vollblutaraber «Lato» steht in dem kompakten, eher kurzbeinigen und nervenstarken Gebrauchstyp, der sich gut für das Westernreiten eignet.

Bildreihe rechts Diese drei hier sind keine amerikanischen Pferde, und doch haben sie alle schon Schweizermeistertitel in Westerndisziplinen errungen. Von oben nach unten: Elisabeth Sonderegger auf dem Haflinger «Bandolero», Iris Schultheiss auf der Volblutaraberstute «Miss Sensation» und Monika Azzetti auf der Freiberger Stute «Jeannette».

wurde und leicht zu Nervosität (irrtümlich als «Temperament» bezeichnet) und zu Schreckhaftigkeit neigt, sondern im kräftigeren, ausgeglicheneren Gebrauchstyp. Oft haben Araber eine kurze, mehr oder weniger waagrechte Kruppe mit hochangesetztem Schweif. Das gilt als Schönheitsideal, verschlechtert aber die Reiteigenschaften. Ein Pferd mit einer solchen Kruppe kann die Hinterbeine schlecht unter den Körper setzen und ist daher benachteiligt, und dies nicht nur beim Westernreiten.

Viele Araberkreuzungen bieten sich als gute Westernpferde an, insbesondere nicht allzu große Shagyas oder auch Anglo-Araber. Dasselbe trifft auf manchen Englischen Vollblüter zu. Gerade unter ihnen gibt es immer wieder Exemplare, die wegen ihrer zu geringen Größe für die Zucht und den Rennsport unerwünscht und deshalb preisgünstig zu kaufen sind, und gerade *sie* erbringen im Westernsport manchmal ganz erstaunliche Leistungen.

Unter den Ponyrassen bringt das irische Connemarapony in jeder Beziehung besonders gute Anlagen zum Westernreiten mit. Mit seiner durchschnittlichen Größe von 140 Zentimetern paßt allerdings kein allzu großer Reiter darauf. Gut geeignet sind größere und kräftigere New-Forest- und Welshponys, die leichteren Schottischen Highlandponys (Westinseltyp), Bosniaken, Mazedonier, Huzulen und ähnliche Gebirgstypen, immer vorausgesetzt, daß sie gut gebaut sind. Innerhalb derselben Rasse kann es bei diesen Ponys recht große Unterschiede geben. Viele Gebirgsponys neigen zu einer kuhhessigen Stellung der Hinterbeine, was für Sliding Stops in Reining-Prüfungen ein gravierender Nachteil ist: Durch die nach außen abgedrehten Hufe driften die Beine beim gleitenden Stop auseinander.

Isländer und norwegische Fjordpferde bieten sich vor allem als Wanderpferde an und können dabei selbstverständlich im Westernstil geritten werden, machen im Turniersport aber kaum Furore.

Haflinger sind in erster Linie gute Zugpferde. Ihre Reiteigenschaften sind beschränkt, wenn auch in den meisten Fällen durchaus genügend für den allgemeinen Freizeitgebrauch. Aber manchmal hat ein Haflinger genau jenes Quantum Araberblut in seinen Adern, das ihn zu einem ganz ordentlichen Westernpferd macht.

Ryon

SADDLE AND TACK

Die Ausrüstung des Cowboys ist nicht nur Werkzeug, sondern auch Statussymbol mit viel Tradition.

Nicht jeder Cowboy in den alten Tagen besaß ein eigenes Pferd, und heute noch reitet mancher vor allem Pferde, die dem Rancher oder der Cattle Company gehören, für die er arbeitet. Aber jeder Cowboy besitzt seinen eigenen Sattel. Die vierzig Pfund Leder und Holz sind sein wichtigstes Werkzeug, bei der Ausführung fast jeder Arbeit sitzt er darin. Im Laufe der Monate und Jahre paßt sich der Sattel seinem Gesäß und sein Gesäß sich dem Sattel an, so wie auch Stiefel erst mit dem Gebrauch bequem werden. Und der Sattel hat zu passen, wenn man zehn, zwölf Stunden und länger am Tag darin verbringt. Ein Cowboy mochte schon einmal seinen Hut, seine Chaps, seinen «Sixshooter» (Revolver), ja sogar sein Pferd ausgeliehen haben, aber niemals seinen Sattel. Selbst wenn ein Mann am Spieltisch sein letztes Hemd verspielt hatte, den Sattel setzte er nicht, dieses Risiko ging er nicht ein. Die Redensart «Er verkauft seinen Sattel» ist gleichbedeutend mit «Er verkauft seine Seele».

Ein guter Westernsattel war nie billig. Selbst ein ganz einfacher Arbeitssattel mit minimalsten Verzierungen kostete den Cowboy so seine sechs bis zwölf Monatslöhne – aber er hielt ein Leben lang und noch viel länger. Wir haben Sättel gesehen, die um die Jahrhundertwende gebaut wurden und noch immer täglich für die Rancharbeit benützt werden, schon in der dritten oder vierten Generation.

Mancher Sporn eines «gewöhnlichen» Cowboys ist ein kostbares, silberbeschlagenes Einzelstück.

Ein Sattel ist aber noch sehr viel mehr als ein Werkzeug. Er hat zwar in erster Linie seine Funktion zu erfüllen, ist aber gleichzeitig ein Statussymbol und ein Stück Tradition, auf das jeder Cowboy stolz ist. Wer immer es sich leisten kann, wird nicht irgendeinen Sattel von der Stange kaufen, sondern sich ein Einzelstück suchen oder noch lieber ein Exemplar nach eigenen Vorstellungen bei einem guten Sattelbauer anfertigen lassen.

Der Sattel ist das Herzstück der Cowboy-Ausrüstung, doch auch allen anderen Gegenständen wird große Beachtung geschenkt. Ganz klar, daß in erster Linie auf Qualität Wert gelegt wird: Der Hut muß wetterfest sein, die Chaps dürfen nicht am ersten Dornenbusch in Fetzen fliegen, Zaumzeug und Zügel müssen jahrelang ihre Dienste erfüllen. Und alles soll zudem noch elegant aussehen. Auch Arbeits-Chaps kauft ein Cowboy selten fertig, sondern läßt sie beim Sattler anfertigen – und Show Chaps sind oft aufwendige Unikate. Zäume sind manchmal wahre Schmuckstücke, verziert mit feinem Rohhautflechtwerk und Silberbeschlägen. Und wenn es um Gebisse und Sporen geht, geraten Cowboys und Turnierreiter gleichermaßen ins Schwärmen wie mancher Sammler, der vielleicht selbst nie auf einem Pferd sitzt.

Die Geschichte des Sattels

Es mag durchaus sein, daß ich zum Beginn dieses Kapitels weiter aushole, als es der Leser in einem Buch über das Westernreiten erwartet. Ich gehe auf den Ursprung des Reitens zurück, und dies aus zwei Gründen: erstens gibt es neue Erkenntnisse, die wahrscheinlich noch in keinem Buch veröffentlicht sind und die alte hippologische Theorien auf den Kopf stellen; und zweitens wurde offenbar in derselben Gegend erstmals geritten, in welcher auch der Sattel erfunden wurde. Das liegt allerdings einige tausend Jahre weiter zurück.

Bislang war es für die Historiker eine klare Sache: Pferde wurden zuerst vor Wagen gespannt, vor rund viertausend Jahren, und erst viel später geritten. Nun gibt es aber archäologische Funde, die auf unsere hippologische Vergangenheit ein ganz neues Licht werfen. Es scheint, daß wir der Erfindung der Trense auf die Spur gekommen sind. In einem Gebiet am Dnjepr, rund 250 Kilometer südlich von Kiew, fand man Hunderte von Stätten einer Kultur aus der Kupferzeit, die rund sechstausend Jahre zurückliegt. Besonders interessant für uns ist der Ort Dereiwka, der zu dieser Sredni-Stog-Kultur gehört. Diese kleine Siedlung ist zwischen 1960 und 1983 von Dimitri Y. Telegin vom ukrainischen Institut für Archäologie ausgegraben worden. Mehrere Forscher, auch solche aus den USA, beteiligten sich an der Untersuchung der Fundstücke. Man fand Handmühlsteine und Sicheln aus Feuerstein, aus denen hervorgeht, daß die Sredni-Stog-Menschen Ackerbau betrieben. Eine große Anzahl Knochen deuten auf Viehzucht hin. Das Erstaunliche: 2412 Knochen, über 61 Prozent, stammen von Pferden!

Weitere Untersuchungen ergaben, daß es sich nicht um Wildpferde, sondern um gezüchtete Hauspferde gehandelt haben mußte. Pferde werden also nicht erst seit vier- oder fünftausend, sondern seit über sechstausend Jahren gezüchtet – wenn auch in allererster Linie zum Zwecke des Verspeisens.

Die aufsehenerregendsten Fundstücke aber entdeckte man an einer Kultstätte. Hier lagen das linke Vorderbein und der Schädel eines etwa acht Jahre alten Hengstes – Alter und Geschlecht lassen sich vom Gebiß ableiten. Daneben befanden sich Überreste zweier Hunde, ein in Ton modellierter Eber, eine Menschenstatuette und, besonders aufregend, zwei durchbohrte Geweihstücke: möglicherweise die Seitenteile einer Trense.

Die Sattlerkunst erreichte während der Barockzeit ihren Höhepunkt, jedenfalls hinsichtlich der Verzierungen. Heute noch wird in Spanien diese Tradition gepflegt und werden reichverzierte Sättel im alten Stil gebaut. Auch die übrige Ausrüstung von Pferd und Reiter ist bis ins Detail traditionell.

Die Hohe Schule der klassischen Reitkunst wird in Spanien lebendig erhalten. Die Bekleidung des Reiters muß dabei ebenso stimmen wie Zäumung und Sattelzeug.

Diese bearbeiteten Geweihteile ähneln verblüffend weiteren Paaren aus der gleichen Epoche, die man in anderen Gegenden fand. Und nahezu identische Geweihstücke wurden zweitausend Jahre später eindeutig an Zaumzeugen verwendet.

Ist also tatsächlich vor sechstausend Jahren schon die Trense erfunden worden? Diese Indizien allein wären zwar hochinteressant, aber etwas mager. Telegin wollte mehr Gewißheit. Er lud zwei amerikanische Wissenschafter nach Kiew ein, die sich mit der Gebißabnützung von Pferden beschäftigt hatten: David Anthony und dessen Frau Dorcas Brown.

Im Idealfall liegt das Mundstück der Trense auf Zunge und Zahnfleisch in der Lücke zwischen den Schneidezähnen und den ersten Backenzähnen. Oft sitzt aber das Zaumzeug nicht perfekt, und das Pferd ist imstande, die Zunge anzuheben und das Gebißstück nach hinten auf die Prämolaren zu schieben. Es kann damit den unangenehmen Druck auf das Zahnfleisch ausschalten, der sonst schon bei geringem Zügelzug entsteht. Sehr viele Pferde versuchen also, das Mundstück mit den Prämolaren zu packen. Dadurch werden die vordersten Backenzähne in charakteristischer Weise beschädigt. David und Dorcas haben zahlreiche Gebisse untersucht. Sie kannten die Unterschiede zwischen natürlicher Abnützung der Kauflächen und Zahnschäden durch Trensen. In der Ukraine untersuchten sie wiederum zahlreiche Schädel, und zwar von Pferden, die vor 25 000 bis sechstausend Jahren gelebt hatten. Nur bei

Unverkennbar ist der spanische Ursprung in der Camargue-Reiterei, auch wenn der Reitstil weit weniger elegant ist und die Reitspiele auf den kleinen Schimmeln viel wilder und fröhlicher wirken. Vor allem der Sattel entspricht in der Bauweise seinem klassischen spanischen Vorbild.

dem Kulthengst von Dereiwka stellten sie die typischen Abnützungserscheinungen durch Trensen fest.

Vor einen Wagen gespannt wurde dieser Hengst demzufolge mit Sicherheit nicht. Den Sredni-Stog-Menschen war nämlich das Rad noch nicht bekannt. Es wurde etwa zur selben Zeit eben erst erfunden, weit entfernt in Mesopotamien.

Wiederum am Dnjepr, in der Nähe von Certomlyk, entdeckte man in einem Grabhügel eine Vase, auf welcher ein gesatteltes Pferd sehr deutlich zu erkennen ist. Eine Brustgurte hält den Sattel fest, und an der Seite sieht man einen herunterhängenden Riemen mit einer Schlaufe, die offenbar als Steigbügel diente. Vermutlich ist dies die älteste bekannte Darstellung eines Sattels mit Steigbügeln. Der Grabhügel ist um 300 v.Chr. errichtet worden. Es sieht also ganz so aus, als hätte es gegen viertausend Jahre gedauert, bis der Mensch auf die eigentlich naheliegende Idee kam: den Sattel, der die Sicherheit seines Sitzes auf dem Pferd ganz gewaltig verbesserte.

Um weicher und unberührt vom Pferdeschweiß zu sitzen, ließen die Noblen schon viel früher kunstvoll gearbeitete Decken auf den Rücken ihrer Pferde legen. Sicherer wurde dadurch der Sitz nicht. Erst später, wahrscheinlich zur Zeit der Assyrer (900 bis 600 v.Chr.), wurden solche Reitdecken mit Gurten befestigt. Die Soldaten des Perserkönigs Darius legten derartige Decken auf ihre Reittiere, und ihre griechischen Gegner verlachten sie deshalb als «weichärschig».

Um die Zeit von Christi Geburt saßen noch viele Krieger auf bloßen Pferderücken, obschon die Sattlerkunst inzwischen beachtliche Fortschritte gemacht hatte. Die Skythen (700 bis 200 v.Chr.) zum Beispiel hatten Sättel mit Steigbügeln – wobei die Sättel ursprünglich nur aus einigen aufeinandergenähten Lederteilen bestanden.

Doch dasselbe Volk machte offenbar die sehr wichtige Erfindung des Sattelbaumes. Dieser bestand zuerst aus zwei Brettchen, die der Form des Pferderückens angepaßt und mit Leder überzogen waren. Die Brettchen lagen links

In der oberen Bildreihe sehen wir einen peruanischen Sattel für Pasopferde. Links außen ist der «nackte» Sattel zu sehen, der im Prinzip wie ein spanischer Sattel gebaut ist. Daneben die Pellonera, eine Polsterung aus Leder, auf dem Sattel. Und schließlich, auf der rechten Seite, mit dem aus Schaffell gefertigten Pellon obenauf.

Ein portugiesischer Viehhirtensattel. Die Steigbügel sind Holzkästen. Ein Stück Schaffell verleiht dem harten Sattel etwas Komfort.

und rechts des Rückgrates, und wenn sie mit einer Brustgurte befestigt wurden, konnten sie kaum mehr verrutschen.

Etwa zur selben Zeit dienten zwei längliche, mit Roßhaar vollgestopfte Lederkissen in Südrußland während Jahrhunderten als Sattelbasis. Diese Kissen, die am eigentlichen Sattelleder angenäht waren, erfüllten ihren Zweck ganz gut, aber früher oder später setzte sich dann der Sattelbaum aus Holz bei allen Reitervölkern durch. Der Holzunterbau ermöglichte auch eine feste, solide Erhöhung des hinteren Sattelrandes und des vorderen Endes. Das verbesserte die Sitzsicherheit natürlich ganz gewaltig. Diese Aufbauten waren bei den Rittersätteln des Mittelalters besonders hoch und umschlossen sogar teilweise seitlich die Hüften, um den Lanzenkämpfern einen möglichst guten Halt zu geben. Es gab sogar Sättel, die man ringsum verschließen konnte, wenn der Reiter darin saß. Rittersättel hatten meistens zwei Bauchgurten und immer ein Brustblatt, also eine Gurte vorne um die Brust des Pferdes.

Schon Kolumbus brachte Pferde in die Neue Welt, aber es ist nicht klar, ob diese sich dort auch vermehrten oder ob sie irgendwann ausstarben. Sicher aber ist, daß Hernando Cortéz im Jahre 1519 ein berittenes Heer nach Mexiko brachte, mit dem er das Volk der Azteken niedermetzelte und damit eine der größten alten Weltkulturen auslöschte. Die Pferde trugen spanische Kriegssättel mit hohen vorderen und hinteren Aufbauten, wie es für die damaligen Rittersättel üblich war. Sie hatten in der Regel nur eine Bauchgurte, stets aber ein Brustblatt und ein Hintergeschirr, um dem Sattel einen festen Halt zu geben. Die spanischen Reiter waren nur teilweise mit Metallrüstungen geschützt, die Pferde überhaupt nicht. So waren die Spanier dadurch viel leichter und beweglicher und konnten auch leichtere, schnellere Pferde reiten als die schwergepanzerten Ritter anderer Nationen. Die Steigbügel hatten sie so lang geschnallt, daß die Beine praktisch völlig gestreckt waren. Die Steigbügel aus Bronze hatten eine breite Fußauflage und Seitenwände und wogen um fünf Kilogramm das Stück. Die Bügel allein waren also schwerer als ein kompletter, moderner Englischsattel.

In Mittelamerika wurden im 17. Jahrhundert bronzene Steigbügel in Form eines Kruzifixes benützt, das etwa 35 Zentimeter breit und 45 Zentimeter lang war und in der Mitte eine Öffnung für den Fuß hat. So ein «frommer» Steigbügel wog etwa sechs Kilogramm. Die Kruzifix-Steigbügel nannte man «Cruz de Alvarado», nach dem Eroberer Alvarado, der das Gebiet südlich von Mexiko unterwarf. Wann und wo genau diese völlig unpraktischen Dinger erfunden wurden, ist unklar. Sicher ist nur, daß sie nicht sehr lang im Gebrauch waren und heute als begehrtes Sammlerstück gelten.

Wenig später tauchten aus Bronze gegossene Steigbügel in Form eines hinten offenen Schuhes auf. Diese hatten aber keine Zukunft, vor allem weil in der Neuen Welt Metallmangel herrschte und gleichzeitig die Nachfrage nach Sättel gewaltig stieg. Man begann daher bald einmal, Steigbügel aus Holz herzustellen. Lange Zeit hatten die Bügel die Form eines Diskusses, mit einer Öffnung in der Mitte für den Fuß und einem Schlitz oben für den Bügelriemen. Sehr oft waren diese Scheibenbügel mit kunstvollen Schnitzereien verziert. Diese Art Bügel findet man übrigens heute noch bei den südamerikanischen Gauchos.

Etwas später wurde vorne am Bügel eine lederne Kappe befestigt, die den Fuß schützte. Wiederum später entstand dann daraus der Tapadero aus dekorativ punziertem Leder, der die gleiche Funktion hatte, aber gleichzeitig ein Zierstück war. Noch heute kann man an kalifornischen Sätteln prächtige Tapaderos sehen.

Der Westernsattel

Als den Spaniern klar geworden war, daß sie sich in den großen Kolonien der Neuen Welt auch niederlassen würden, änderten sich ihre Interessen. Ihre militärische Präsenz verlor immer mehr an Bedeutung, private Ranchos und Missionsstationen wurden aufgebaut. In den meisten spanischen Gebieten Amerikas wurde die Viehzucht zum wichtigsten Wirtschaftszweig. Die Geburtsstunde der mexikanischen Vaqueros hatte geschlagen.

Diese Rinderhirten merkten bald einmal, daß die spanischen Kriegssättel für ihre Arbeit zu schwer und zu unhandlich waren. Die frühen Vaquerosättel wurden entwickelt. Sie bestanden aus einem mit Rohhaut überzogenen Holzbaum mit einem verhältnismäßig tiefen Cantle (Hinterrand) und einer viel niedrigeren

UNTEN
Ein etwa siebzig Jahre alter, sehr typischer kalifornischer Sattel, der heute noch täglich auf der Ranch im Gebrauch ist. Der tiefe Sitz und die langen Tapaderos an den Steigbügeln fallen besonders auf.

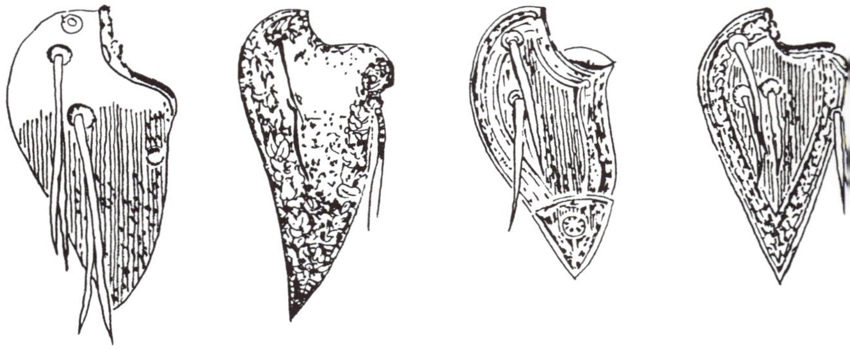

RECHTS
Bei diesem mexikanischen Vaquero-Sattel sind die sehr weit vorne angesetzte Sattelgurtung und der große, flache Sattelhornkopf bemerkenswert.

Linke Seite oben Ein etwa vierzig Jahre alter Californian Style Saddle, mit Korbflechtmuster punziert, vermutlich in Nevada gebaut.

Oben links Dieser wohl um die Jahrhundertwende in Wyoming gebaute Sattel enthält sowohl Elemente des kalifornischen wie des texanischen Stils.

Oben rechts Ein ganz schlichter texanischer Arbeitssattel mit großer Swell Fork.

Oben Tapaderos gibt es in verschiedenen Formen, mit unterschiedlichsten Mustern und manchmal auch mit Silber-Conchos verziert.

Fork (Vorderrand). Sattelhörner waren damals noch völlig unbekannt.

In Spanien und Portugal hat der berittene Hirte für die Rinderarbeit eine lange Lanze mit einer stumpfen Eisenspitze. Etwas kürzer und mit einem Dreispitz versehen ist die Lanze des Camargue-Reiters. Auch die Vaqueros benützten anfänglich die spanische Pica, tauschten sie aber schon bald gegen die Lariata aus, wie das Lasso im Spanischen heißt. Der Gebrauch des Lassos ist übrigens schon sehr alt, die Skythen und Nomaden der asiatischen Steppe kannten es bereits. Die Vaqueros stellten ihre Lariatas selbst her – manche tun es heute noch. Sie schnitten feine, nur wenige Millimeter breite Streifen aus der rohen, getrockneten Haut von Kühen und flochten daraus mit großem Geschick Seile, die für das Werfen genau die richtige Steifheit und Geschmeidigkeit hatten. Eine gute Rohhaut-Lariata ist natürlich nicht billig, aber dafür nahezu unverwüstlich.

Die Vaqueros lernten also das Lassowerfen und entwickelten darin, wie bereits geschildert, eine große Fertigkeit. Am Anfang gab es allerdings noch einige Probleme. Wo sollte man das Lasso befestigen? Das Sattelhorn war noch nicht erfunden. Es ist schwer zu glauben, auf welche Idee sich die Vaqueros zunächst verstiegen: Sie banden das Ende der Lariata oben am Schweif des Pferdes fest! Das Pferd hatte das gefangene Rindvieh mit dem Schweif dorthin zu ziehen, wo man es haben wollte. Immerhin scheint diese brutale Sitte nicht von langer Dauer gewesen zu sein. Jemand kam auf den tierfreundlichen Gedanken, hinter dem Cantle, am hinteren Ende des Sattelbaumes, einen starken Metallring zu befestigen, an den man das Lassoende verknüpfen konnte.

Am Anfang saß der Vaquero direkt auf dem rohhautbezogenen Sattelbaum. Erst später wurde ein dreieckiges Lederstück auf die Sitzfläche und das Cantle genagelt, was den Komfort etwas erhöhte. Eine Sattelschürze (Skirt) gab es noch nicht. Der aus einem soliden Stück Eichenholz geschnitzte Steigbügel hing an einem Riemen, an dem es noch keinen breiten, die Beine schützenden Fender gab. Der Vaquero-Sattel dieser Art blieb ohne große Modifikation während etwa zweihundert Jahren in Gebrauch.

Für vornehmere Leute gab es natürlich aufwendiger gebaute, bequemere Sättel, zum Beispiel bedeckt von der abnehmbaren Mochila, einer oft prächtig verzierten Lederdecke, auf der manchmal vorne oder hinten zu beiden Seiten Satteltaschen befestigt waren. Hinter der Mochila war die Anquera, ursprünglich ein

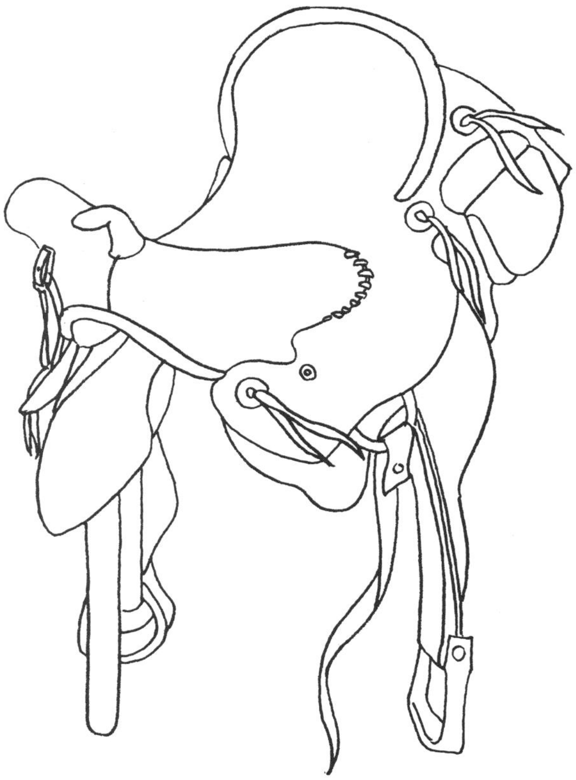

Rechts
Ein sogenannter Bärenfallensattel mit gewaltiger Swell Fork, durch die der Reiter wie in einer Falle saß.

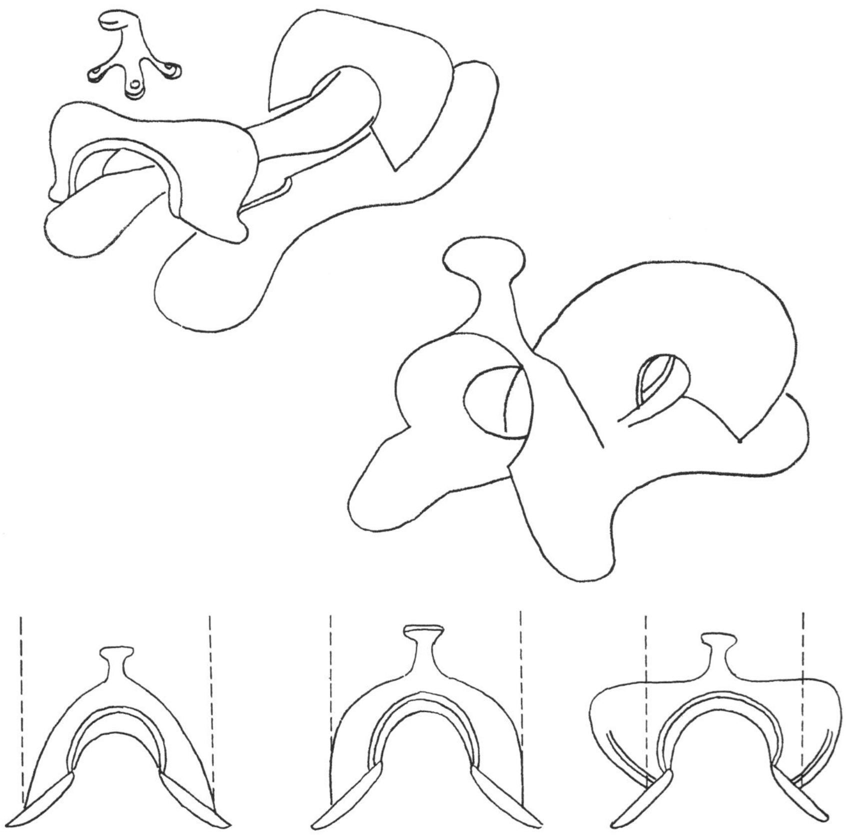

Ganz oben erkennt man die Einzelteile eines Sattelbaumes mit einer Swell Fork und dem Stahlhorn. Rechts darunter sieht man den fertigen, rohhautbezogenen Sattelbaum. Darunter sind einige Fork-Formen dargestellt, von links nach rechts: Slick Fork, Narrow Fork und Swell Fork.

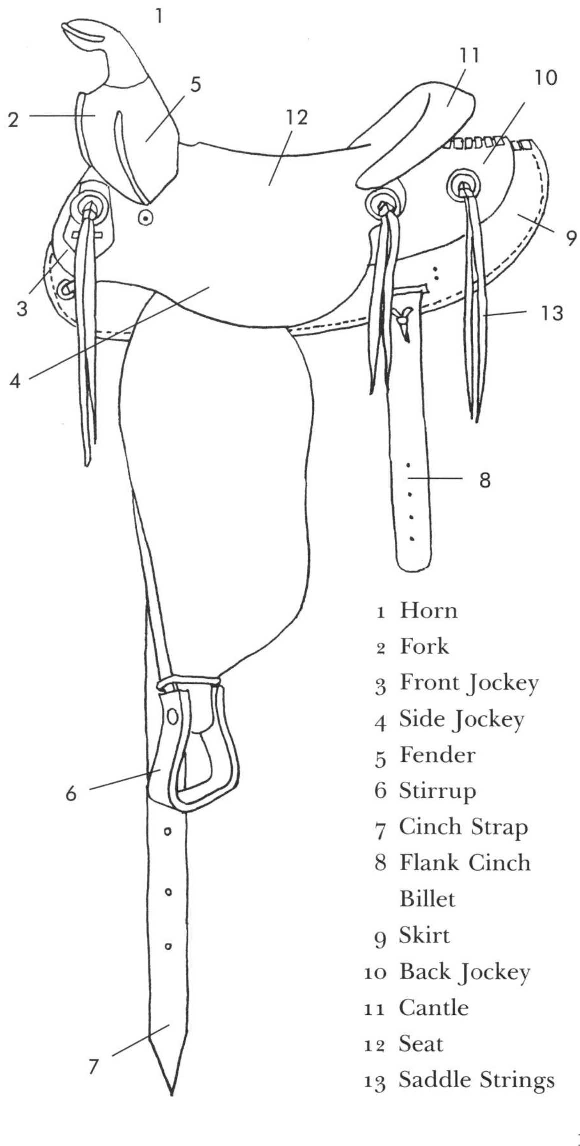

1 Horn
2 Fork
3 Front Jockey
4 Side Jockey
5 Fender
6 Stirrup
7 Cinch Strap
8 Flank Cinch Billet
9 Skirt
10 Back Jockey
11 Cantle
12 Seat
13 Saddle Strings

lederner Schutz für die Kruppe des Pferdes, ab etwa 1800 umfunktioniert als zweiter Sitz, auf dem die Damen seitlich saßen – und es in Spanien heute noch tun.

Eine wesentliche Neuerung gab es um 1830: Die ersten Sättel mit Sattelhorn tauchten auf. Das Horn mußte sehr stabil sein, denn es war für das Befestigen des hinteren Lassoendes bestimmt und mußte einem gewaltigen Zug widerstehen.

Anfänglich hatte das Sattelhorn einen ziemlich dünnen Hals mit einem verhältnismäßig kleinen Kopf, ähnlich etwa wie bei einem modernen Cutting-Sattel (Seite 151, oben links). Etwa um 1846 tauchte in Texas der Hope Saddle mit seinem kurzen, dicken Horn und dem großen, flachen Kopf auf. Dieser Sattel war nicht viel mehr als ein rohhautbezogener Sattelbaum mit Horn. Der Länge nach in der Sitzmitte gab es einen breiten Spalt. Die Sattelgurte war mit zwei Riemen vorne an der Fork und am Hinterrand des Baumes befestigt, ähnlich wie beim McClellan-Sattel (Seite 150, oben rechts). Der Sattel hatte keinerlei Polsterung. Um den Rücken des Pferdes und das Gesäß des Reiters zu schonen, mußten Decken unter und auf den Sattel gelegt werden. Die kalifornische Variante besaß immerhin eine Mochila.

Zu jener Zeit war die Stadt Saint Louis am Zusammenfluß des Mississippi und des Missou-

Ein guter Sattelbauer ist ein hervorragender Handwerker mit künstlerischem Flair, das vor allem bei den Verzierungen zum Tragen kommt. Unser Meister in Elko, Nevada, ist gerade dabei, das Sattelhorn mit Rohhaut zu überziehen. Diese Arbeit mag er am allerwenigsten.

ri der Vorposten der franco- und angloamerikanischen Zivilisation. Von hier aus zogen zahlreiche Händler nach Santa Fe im heutigen New Mexico, das damals der mexikanische Vorposten in der Wildnis war. Die Händler tauschten amerikanische Güter gegen mexikanische, und unter diesen gab es billige Sättel vom Typ des Hope Saddle. Als «Bereicherung» hatten sie oft ein unten an den Sattelbaum genageltes Skirt. Diese Sättel wurden als Santa Fe Saddles bekannt und in Saint Louis für zehn oder 15 Dollar verkauft. Sie waren einfach herzustellen, und weil der Bedarf groß war, wurden sie auch am Missouri bald einmal in Massen hergestellt. Zu Beginn der großen Viehtrecks, um 1880, gab es in Saint Louis über zwanzig Sattlereien und ein Dutzend Großhändler, die im Jahr Lederwaren für rund drei Millionen Dollar umsetzten. Zu dieser Zeit allerdings war der Santa Fe Saddle bereits weitgehend verschwunden und durch den Mother Hubbard Saddle ersetzt.

Um 1850 war die abnehmbare Mochila noch immer die gebräuchlichste Form zur Bereicherung des Sitzkomforts beim einfachen Holzbaum. Um 1860 kam aber dann der wesentlich verbesserte Mother Hubbard auf den Markt. Die ursprüngliche Mochila war jetzt fest mit dem Sattelbaum verbunden. Sie war groß und von rechteckiger Form. Vorne und hinten am Sattel konnte man an Ringen und angebrachten Lederbändern verschiedene Utensilien festmachen. Wenige Jahre später besaß fast jeder texanische Cowboy auf den großen Cattle Drives einen Mother Hubbard. Unter dem Sattelbaum befestigte Skirts hatten diese Sättel nur teilweise, und die breiten Beinschützer aus Leder (Fender) am Steigbügelriemen gab es immer noch nicht. Der Steigbügel war weiterhin aus einem Holzstück geschnitzt, seltener bestand er aus einem Eisenring. Der aus einem länglichen Stück Holz – Hickory oder Eiche – bestehende, mit Hilfe von Dampf gebogene Steigbügel war allerdings schon erfunden. Er gehörte zur Ausrüstung der Kavalleriesättel, wie übrigens auch der Fender am Steigbügelriemen.

Der empfindlichste Punkt am Sattel war immer das Sattelhorn. Horn und Sattelbaum wurden immer aus einem Stück Holz geschnitzt, aber dennoch kam es immer wieder vor, daß ein Horn abbrach, wenn ein schwerer Bulle das Lasso streckte. Diese Sättel waren dann natürlich nicht mehr viel wert. Man konnte sie für die Rinderarbeit nicht mehr brauchen und verkaufte sie meistens billig an Indianer. Doch um 1870 kamen Sattelhörner aus Stahl in den Handel, die man anstelle der abgebrochenen Holzhörner am Sattelbaum annieten konnte.

Wenig später wurden die kalifornischen Sättel schon bei der Herstellung mit einem Stahlhorn ausgerüstet, das mit Leder oder Rohhaut überzogen war. Der ganze Sattel wurde in

Links
Ein im kalifornischen Stil hervorragend gebauter Sattel von Dale Brown mit außergewöhnlichen Verzierungen aus feinen, geflochtenen Rohhautstreifen.

Ein mit sehr viel Liebe zum Detail im California Style vom Schweizer Pablo Ulli gebauter Sattel.

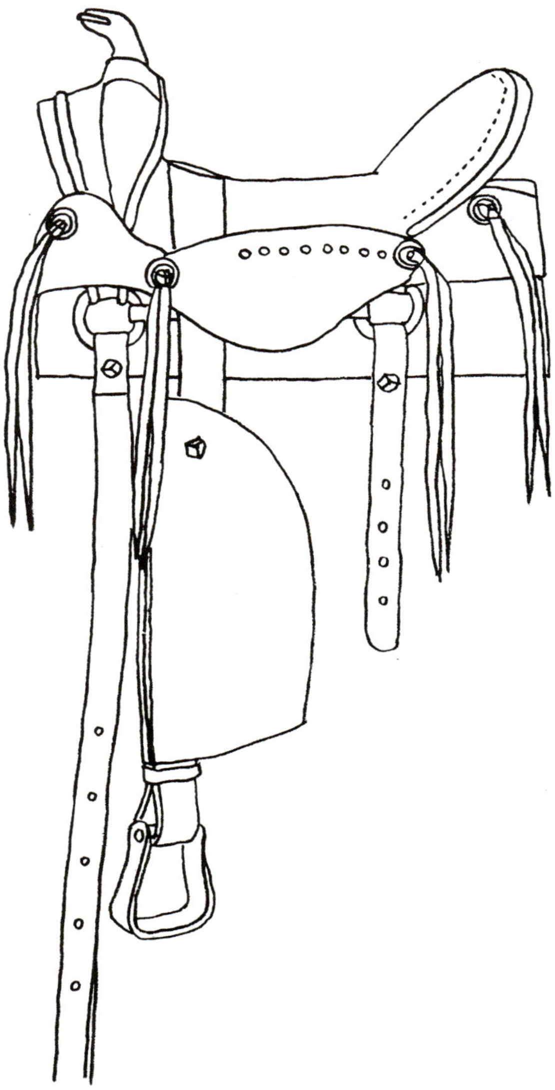

Rechts
Ein Three Quarter Seat Saddle, bei dem Front, Side und Back Jockey je aus einem separaten Stück Leder bestehen. Die Sitzfläche besteht von der Oberkante des Cantle bis zu den Steigbügelriemen aus einem Lederstück.

dieser Zeit modifiziert und erhielt etwa die Form und das Aussehen des klassischen Californian, wie er heute noch gebaut und von den Vaqueros und Buckaroos in Kalifornien und Nevada geritten wird. Das Horn war auf einer gegen früher etwas verbreiterten Fork festgenietet. Das Cantle war bedeutend höher und steiler als bei Texanersätteln. Dadurch wurde der Sitz tiefer, und das machte den Sattel populär zum Reiten schwieriger Pferde. Die Sattelgurte wurde an einem Ring in der Mitte des Sattels (Centerfire Rigging, Zeichnungen auf Seite 150) befestigt. Die Skirts, damals meistens rechteckig wie beim Mother Hubbard, später gewöhnlich abgerundet und kleiner (siehe Foto auf Seite 144, unten), wurden unten mit einer Lammfellauflage versehen, die gleichzeitig polsterte und die Satteldecke am Verrutschen hinderte. Das Lederstück, das die Sitzfläche bedeckte, wurde seitlich bis zum Rand des Skirts hinuntergezogen. Es entstand also das sogenannte Side Jockey unten am Sattel. Die breiten Fender an den Bügelriemen gehörten ebenso zur normalen Ausrüstung wie die mehr oder weniger kunstvoll gefertigten Tapaderos.

Ein bemerkenswertes Detail: Die berittenen kanadischen Truppen waren von 1878 bis 1919 mit Californian Style Saddles ausgerüstet.

Eine auffallende Neuerung war die Swell Fork, wörtlich übersetzt die «Schwellgabel» (siehe Seite 146, Zeichnung rechts). Bisher und bis

Oben links
Ein australischer «Cowboy»-Sattel. Er ist aus dem englischen Sattel entwickelt, hat aber eine größere Auflage, einen tieferen Sitz und einen markanten Vorderaufbau.

Oben rechts
Der 1859 von General McClellan entwickelte und nach ihm benannte, berühmte Kavalleriesattel wird heute in verschiedenen Ausführungen auch als Wandersattel verkauft.

heute befestigte man seitlich hinter der Fork sogenannte Bucking Rolls, wurstförmige Polster, durch die man im Sattel einen besseren Halter erhielt bzw. erhält. Jack Carroll von der gleichnamigen Saddle Company in McNeal, Arizona, sagt allerdings, die Bucking Rolls seien da, um zu verhindern, daß die Genitalien des Reiters beim Bocken des Pferdes am Sattelhorn gequetscht werden – was gar nicht so unlogisch ist. Ein gewisser Ernest Boucher in Ellensburg, Washington State, erfand dann aber um 1893 eben die Swell Fork.

Wir sehen sie auch auf Seite 145, oben rechts, an einem Sattel, der um die Jahrhundertwende gebaut wurde. Der sehr breite und gepolsterte Vorderaufbau erleichterte ganz klar das Reiten widerspenstiger Pferde. Einige Sattler machten sich einen Spaß daraus, wahre Monster von Swell Forks mit einer Breite bis über 55 Zentimetern zu bauen.

In der Geschichte des Sattels ist die Erfindung des Sattelbaumes etwa gleich bedeutungsvoll wie diejenige des Steigbügels. Was einst bescheiden mit zwei Brettchen begonnen hatte, ist heute im Westernsattel ein recht kompliziertes, aus mehreren Holzteilen zusammengeleimtes und -geschraubtes Ding mit einem Horn aus Stahl, wie wir es oben auf Seite 146 sehen. Das Ganze wird mit nasser Rohhaut überzogen, die man stramm zusammennäht. Beim Trocknen schrumpft die Haut und preßt das Holz zusammen. Die Kombination von Holz und Rohhaut ergibt eine unglaublich widerstandsfähige Konstruktion. So ein Sattelbaum hat auch eine gewisse Elastizität, er kann sich also bis zu einem gewissen Grad der Körperform und den Rükkenbewegungen des Pferdes anpassen und wi-

Verschiedene Gurtungen oder Riggings

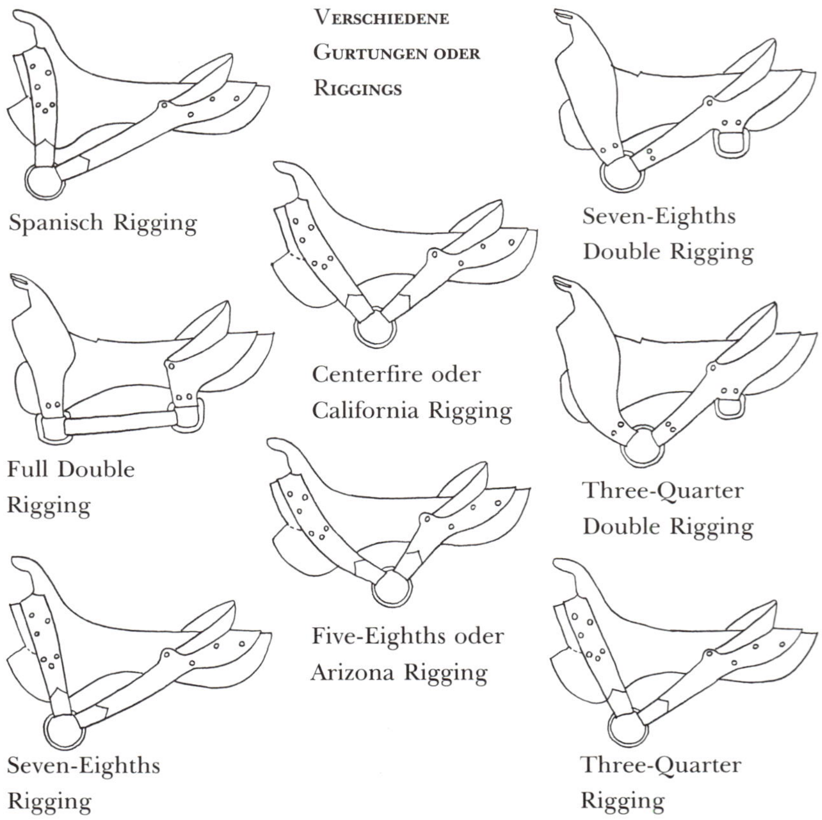

dersteht der ungeheuren Beanspruchung beim Roping oder auch bei einem Sturz des Pferdes.

Der Sattelbaum wird in der Regel aus dem zähen, aber dennoch leichten und gut zu bearbeitenden Holz der Ponderosapinie (ein Nadelgehölz) hergestellt. Man hat Versuche mit Stahl- und Aluminiumbäumen gemacht und diese bald wieder aufgegeben. Hingegen hat man recht gute Erfahrungen mit Sattelbäumen aus Fiberglas gemacht. Das größte Problem dabei ist, daß es sehr aufwendig ist, die große Vielfalt an Formen herzustellen, die es braucht, um auf die verschiedensten Pferderücken und an die verschiedensten Reitergesäße zu passen. Fiberglasbäume werden daher in erster Linie bei Massenproduktionen verwendet.

Auf den Fotos oben sind zwei von Jean-Claude Dysli aufgrund seiner jahrzehntelangen Erfahrung entwickelte Sättel zu sehen: links ein Cutting-Sattel mit Doppelgurtung und hohem, dünnen Sattelhorn, rechts ein Reining-Sattel mit einfacher Gurtung.

Die Sitzfläche des Westernsattels hat im Laufe der Entwicklung verschiedene Modifikationen erlebt. Zuerst saß man, wie bereits erwähnt, auf dem nackten, mit Rohhaut bezogenen Sattelbaum. Manchmal polsterte man ihn mit einer Decke oder einem Bärenfell. Später wurde ein Teil der Sitzfläche mit Leder bedeckt. Dann kam die lose Mochila, die den ganzen Sattel bedeckte, und die befestigte Mochila.

Beim sogenannten Half Seat oder halben Sitz war die hintere Hälfte des Sattels bis etwa auf die Hälfte des Cantle mit einem Stück Leder bezogen. Beim Three-Quarter Seat oder Dreiviertelsitz waren die ganze Vorderseite des Cantle und etwa zwei Drittel der eigentlichen Sitzfläche, bis zum Steigbügelriemen, mit einem Lederstück bedeckt, wie auf der Zeichnung auf Seite 149 zu sehen ist. Der Steigbügelriemen befand sich damals immer noch an der Satteloberfläche. Dieser Satteltyp war von etwa 1870 bis 1900 sehr verbreitet.

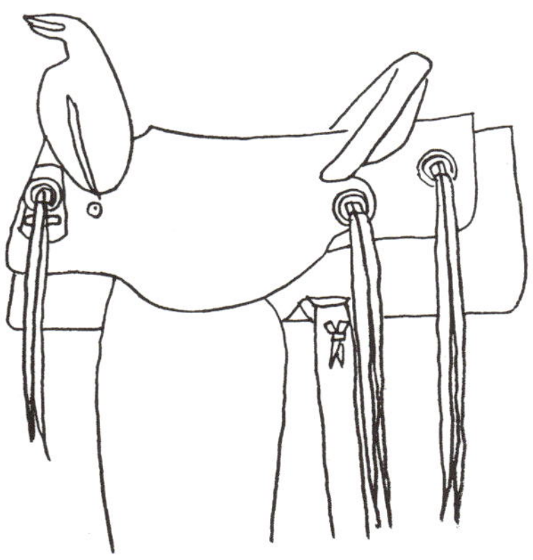

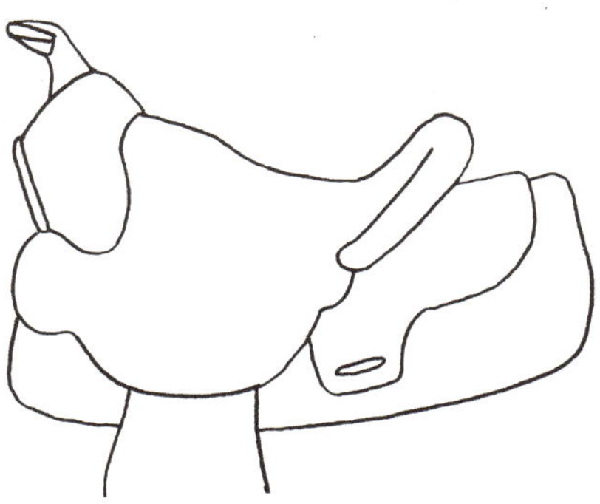

Die Zeichnungen stellen Sitzformen dar. Oben links ein Flat Seat, oben rechts ein Center Seat, unten ein Backward-Slant Seat.

Beim darauf folgenden Loop Seat war der ganze Sitz vom oberen Rand des Cantle bis zur Fork mit einem Stück Leder zugedeckt, das auch seitlich recht weit hinunterreichte und dort die sogenannten Side Yockeys bildete. Durch zwei Schlitze im vorderen Teil der Sitzfläche konnte man die Steigbügelriemen am Sattelbaum anbringen.

Beim Full Extended Seat, wie er seit etwa 1920 und heute noch üblich ist, bedeckt ein Stück Leder die Vorderseite des Cantle und die ganze Sitzfläche, und das gleiche Stück bildet die Front Yockeys und große Side Yockeys. Die Steigbügelriemen sind damit unter der Sattelbedeckung verschwunden. Auf Seite 146 ist die Beschreibung der Sattelteile zu finden.

Von großer Wichtigkeit ist die Form des Sitzes. Schlechtgebaute Sättel sind oft seitlich im Kniebereich zu breit und dadurch natürlich unbequem. Bei billigen Sätteln fällt die Sattelfläche von der Fork nach hinten ab, und der tiefste Punkt liegt vor dem Cantle. In diesem Backward-Slant Seat sitzt der Reiter unwillkürlich zu weit hinten. Besser ist ein Center Seat mit dem tiefsten Punkt in der Sattelmitte. Die Rundung

Eine kunstvoll punzierte Satteltasche an einem kalifornischen Sattel.

sollte aber nicht zu tief sein, weil sonst der Reiter zu sehr in einer Position fixiert ist. Nach unserer Auffassung hat zum Beispiel der Brown-Sattel auf Seite 148 eine ideale Sitzform. Darin hat man einen guten Halt, sitzt am richtigen Ort und kann sich immer noch bewegen. Zahlreiche Reiter ziehen allerdings den Flat Seat mit der noch größeren Bewegungsfreiheit vor. Verschiedene Sitzformen sind auf den Zeichnungen auf Seite 151 zu sehen.

Ein bekannter Sattelbauer sagte, ein gut gebauter Sattel, der dem Reiter passe, brauche

Unten
Ein heute gebräuchlicher Roper-Sattel.

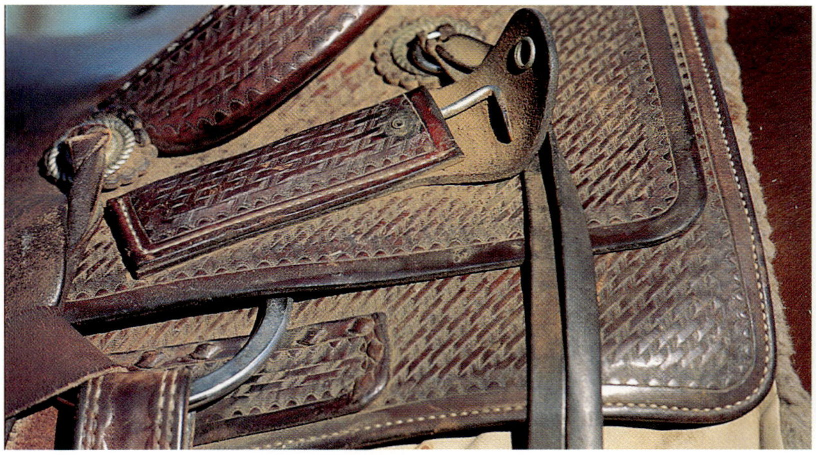

Oben
Detail: Täschchen für den Hufräumer

Mitte
Mit Silberbeschlägen verziertes Brustblatt eines Schausattels.

Unten
Oxbow-Steigbügel gibt es aus Holz und aus Aluminium.

Oben
Bei manchen amerikanischen Prüfungen winkt dem Gewinner ein Sattel.

Links
Steigbügel werden in vielen Formen angefertigt, aus Holz und Metall und mit Leder bezogen. Ein großer, schwerer Bügel hängt ruhiger, man erwischt ihn also nach dem Hinausrutschen besser wieder und bleibt weniger darin hängen, wenn man aus dem Sattel fällt.

keine Polsterung. Das ist auch unsere Erfahrung. Die billigeren Sättel sind in der Regel gepolstert. Die Sattelabdeckung kann dadurch aus mehreren Teilen hergestellt werden, was einfacher ist. Außerdem schluckt die Polsterung kleinere Unebenheiten an der Satteloberfläche. Aber es gibt heute auch viele hervorragend gebaute Sättel mit Polsterung, die von vielen Leuten geschätzt werden. Manche Leute ziehen auf der Sitzfläche die rauhe Seite des Leders oben vor, weil man darauf weniger rutscht. Das Hauptproblem dabei ist, daß sich so das Leder bei Regen mit Wasser vollsaugt – und die Polsterung darunter gleich auch noch. Ein glatter, regelmäßig gefetteter Sattel bleibt dagegen immer trocken.

Wenn es um die Verzierungen des Sattels geht, scheiden sich die Geister. Ob einer einen ganz schlichten Arbeitssattel will oder einen reich mit Blumenmustern punzierten und mit Silber-Conchos geschmückten, ist letztlich eine Frage des persönlichen Geschmackes.

Unten
Der Umgang mit der Hackamore erfordert viel Geduld und Können. Der Reiter auf dem Bild scheint kein großer Meister zu sein, denn wenn man an beiden Zügelteilen gleichzeitig Zug gibt, merkt das Pferd sehr schnell, wer stärker ist.

Die Hackamore

Manche behaupten, die Hackamore sei eine Erfindung der Indianer. Das stimmt mit Sicherheit nicht. Diese Art der gebißlosen Zäumung wurde von den Arabern nach Spanien gebracht. Die Spanier entwickelten sie weiter und brachten sie nach Amerika, wo sie von den indianischen Vaqueros übernommen wurde. Sie hieß damals noch Jáquima, und daraus wurde durch den Einfluß der englischen Sprache die Hackamore.

Die echte, klassische Hackamore ist eine hervorragende Ausbildungszäumung, die aber Erfahrung und sehr viel Geduld erfordert. Was in Europa unter der Bezeichnung Mechanische Hackamore angeboten und zum Beispiel im Springsport oft zu sehen ist, hat mit der klas-

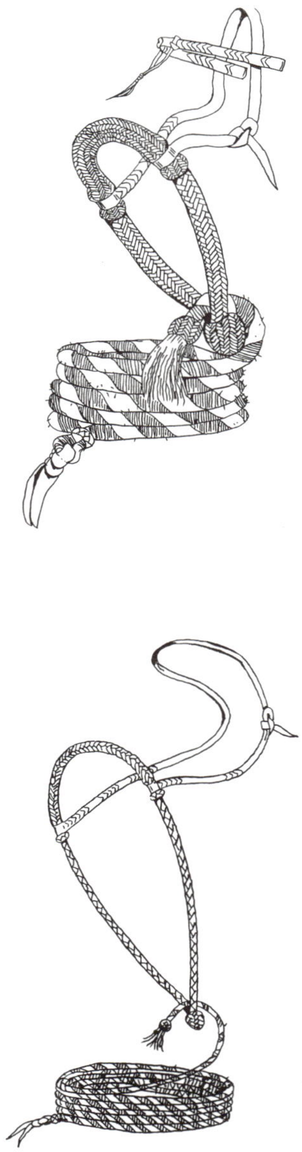

Links
Oben ist eine Hackamore (dickes Nasenstück) und unten ein Bosal (dünnes Nasenstück) zu sehen, beides mit entsprechend dicker Hair Rope oder Mecate. Gesamthaft heißen beide Hackamore-Zäumungen oder Jaquima. Im deutschen Sprachgebrauch nennt man meistens beide Nasenstücke Bosal, was aber falsch ist.

Auf der oberen Zeichnungsreihe sind die verschiedenen Phasen der Hackamore-Zäumung bis zur Kandare zu sehen. Das erste Bild zeigt eine dicke Hackamore mit Fiador (Stirn- und Halsriemen), das zweite eine dünnere Hackamore, das dritte Bosal und Kandare, wobei am Kandarenzügel noch nichts gemacht wird. Auf dem vierten Bild arbeitet der Reiter mit Bosal- und Kandarenzügel, auf dem fünften vornehmlich und auf dem sechsten ausschließlich mit Kandare. Die ganze Umstellung allein dauert rund ein Jahr.

sischen Hackamore nur gemeinsam, daß das Pferd das Maul frei hat. Diese Zäumung wirkt über die Hebelarme vor allem auf die Kinnkette und ist eine sehr scharfe, bei unfeinem Gebrauch sehr schmerzhafte Art des Umgangs mit dem Pferd. Mit der echten Hackamore kann man dem Pferd keinen Schmerz zufügen, und man kann es schon gar nicht daran hindern, wenn es durchbrennen will – außer man beherrscht die Kunst des Hackamore-Reitens.

Das ganze Geheimnis basiert auf zwei Grundelementen: auf losem Zügel und auf Doubling. Die Hackamore-Arbeit wird ausschließlich vom losen Zügel her aufgebaut. Nur auf diese Weise kann das Pferd nie ermessen, wie stark beziehungsweise wie schwach der Mensch ist. Das Doubling ist, sehr einfach ausgedrückt, ein blitzschnell, scharf und kurz nach seitwärts und rückwärts ausgeführter Anschlag auf nur einem Zügel, während das Pferd geht, trabt oder galoppiert und dabei schneller wird als gewünscht. Bei einem richtig ausgeführten Doubling folgt das Pferd der Bewegung seines Kopfes und steht danach in der genau entgegengesetzten Richtung. Es muß mit dem Doubling immer überrascht werden, und lang andauerndes Reißen ist ebenso zu vermeiden wie zu häufige Wiederholung.

Die Ausbildung in der Hackamore dauert etwa zwei Jahre. Danach wird das Pferd, in der kalifornischen Tradition, auf das Spade Bit (Kandare mit Löffelgebiß) umgestellt. Diese Umstellung (auf der oberen Zeichnungsreihe dargestellt) dauert rund ein Jahr.

Die Teile der Hackamore-Zäumung werden oft falsch beschrieben: So nennt man das Nasenstück irrtümlich Bosal, den Zügel Mecate und das Ganze dann Hackamore. Korrekt ist hingegen folgender Sachverhalt: Die Nasenstücke werden in unterschiedlicher Dicke hergestellt, von 1/8 bis 3/4 Zoll (1 Zoll = 1 Inch = 2,54 cm). Das Nasenstück, das 1/2 Zoll oder dikker ist, ist die Hackamore, und nur die dünneren Stücke heißen Bosals.

Im deutschen Sprachgebrauch werden die verschiedensten Sperrhalfter, die um die Nase des Pferdes gelegt werden, seien sie aus Leder, Hanf, Nylon oder was auch immer, als Bosals bezeichnet. Echte, klassische Bosals sind ebenso wie Hackamores immer aus feinen Rohhautstreifen geflochten – eine viel Geschick und Erfahrung erfordernde Arbeit.

Das Formen und Anpassen des Nasenstückes und das Verknüpfen des Seils ist eine Kunst für sich.

In der Anfangsphase arbeitet man mit einer dicken Hackamore. Im Laufe der Zeit stellt man dann auf dünnere Hackamores um, bis man schließlich mit dem bleistiftdicken Pencil Bosal arbeitet.

Die Mecate ist ein etwa sieben Meter langes, meistens 12 bis 15 Millimeter dickes Seil, das ungefähr aus zwanzig Teilen Hanf und einem Teil Pferdeschweif- und Mähnenhaar geflochten ist. Das Seil wird unten am Nasenstück festgeknüpft und bildet eine Zügelschlaufe und ein Führseil. Dieses Seil nennt man Mecate oder Hair Rope. Durch das Pferdehaar fühlt es sich rauh an, der Hals des Tieres weicht daher seiner Berührung aus und lernt so das Neck Reining, die typische Zügelführung des Westernreitens.

Hier ein Bukkaroo-Zaumzeug aus Nevada mit einer hübschen Kandare mit einfachem Gebißstück. Die Zügel sind aus feinen Rohhautstreifen geflochten.

RECHTS
Die Zeichnungen zeigen verschiedene Löffel und andere Gebißstücke, größtenteils mit Kupferröllchen, sowie Front- und Seitenansichten des klassischen Santa Barbara Spade Bits.

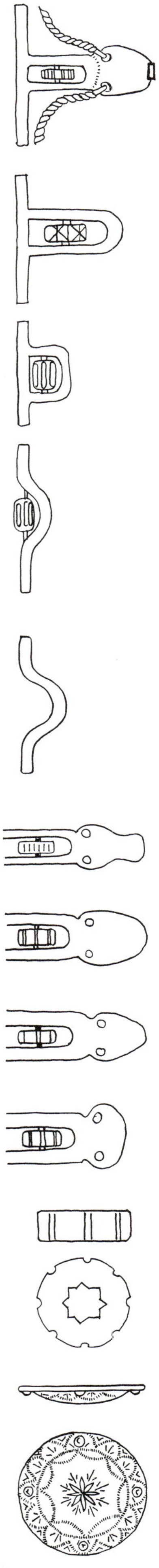

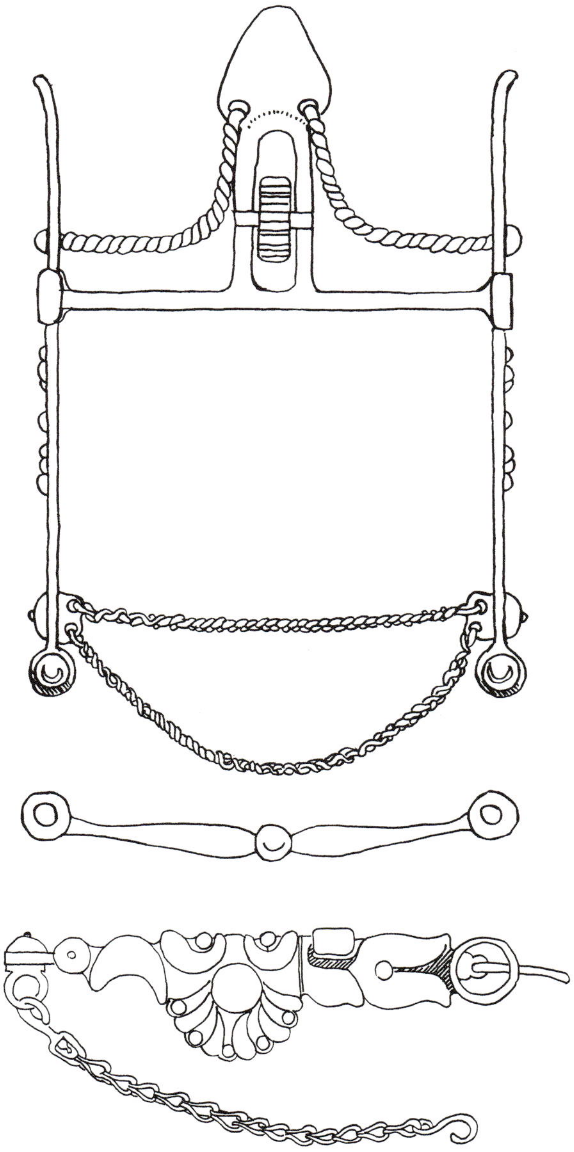

Ein prächtiges Santa Barbara Spade Bit aus der Sammlung von Jean-Claude Dysli.

Die Kandare

Was wir auf dieser Seite sehen, ist ein mit Silber reichverziertes, kostbares Santa Barbara Spade Bit. Es gehört nur in das Maul eines fertig ausgebildeten Pferdes und in die Finger eines sehr erfahrenen Reiters mit «samtenen Händen». Jedem anderen Reiter sei dringend empfohlen, ein solches Stück bei sich zuhause an die Wand zu hängen, aber auf keinen Fall sein Pferd damit zu zäumen.

Was wie ein Marterwerkzeug aussieht (und dies bei falscher Handhabung auch ist), erweist sich beim Könner als ein Instrument, mit dem er sein Pferd mit hauchfeinen Hilfen präzise beeinflussen kann.

Etwa ein Jahr lang läßt der seriöse Reiter dem Pferd Zeit, sich an das Gebißstück zu gewöhnen. Die Zügel hängen in dieser Zeit immer lose durch, und Zügelsignale werden nur über die Mecate auf das Bosal gegeben. Nach dieser sehr langen Übergangsphase wirkt das Spade Bit in wundervoller Weise. Die löffelartige Ver-

längerung erleichtert dem Pferd das Tragen des Gebisses. Im Innern des Löffels befindet sich eine Kupferrolle, mit der die Pferdezunge spielen kann – Pferde mögen den süßlichen Geschmack von Kupfer. Dadurch ist der Grad der Nervosität des Pferdes «hörbar», und der Reiter kann nötigenfalls darauf reagieren. Das ganze Gebiß ist durch die Neigung des Löffels so ausbalanciert, daß bei richtiger Kopfstellung des Pferdes keinerlei Druck entsteht. Das Tier will nämlich mit der Zunge auf der ganzen Länge des Löffels Kontakt haben, damit der leichte Druck der Querstange verschwindet. So erarbeitet man sich einen ausbalancierten, ruhigen Pferdekopf, der beim Reiten nicht hin und her schwingt. Mit der Zeit erreicht man sogar den in der konventionellen europäischen Dressur so bewunderten, schwungvoll gekrümmten Hals, der dort allerdings nur durch ununterbrochene Zügeleinwirkung, hier aber am losen Zügel möglich ist.

Die Hackamore-Ausbildung erfordert viel Zeit und Erfahrung, und das Reiten mit dem Spade Bit verlangt großes Können. Die meisten Cowboys und Westernreiter machen es sich viel einfacher. Vor allem Pferde, die für den Sport gezüchtet und ausgebildet werden, müssen so rasch als möglich einen Stand erreichen, in welchem mit ihnen ein akzeptables Reining oder ein Cutting geritten werden kann. In ganz Texas und in Oklahoma, dem Zentrum der Western-Sportpferdezucht, sieht man höchst selten die alten, klassischen Zäumungen. Dort wie auch in Europa werden heute die meisten Westernpferde mit dem Snaffle Bit eingeritten, also mit einer ganz gewöhnlichen Wassertrense. Nach der Basisausbildung wechselt man gewöhnlich zum Snaffle Bit with Shanks. Das ist ebenfalls eine gebrochene Trense, die aber seitlich mit Hebeln versehen ist wie eine Kandare. Man erhält so eine stärkere Einwirkung auf das Pferdemaul und kann daher ein Pferd auch viel schneller verderben als mit der gewöhnlichen Trense. Etwas Erfahrung und eine ruhige leichte Hand sind gefragt. Mehr noch ist dies bei der dritten Stufe erforderlich, bei der Kandare, welche Hebelarme hat wie das Snaffle Bit with Shanks, aber ein festes Gebißstück. Kandaren gibt es in verschiedensten Ausführungen, vom einfachen Grazer Bit, das man in Amerika schon für ein paar Dollar kaufen kann, bis zu kunstvoll gefertigten Stücken, die wohl nie in ein Pferdemaul gelangen und für die der Sammler einige tausend Dollar hinlegt.

Der Phantasie sind keine Grenzen gesetzt. Die Fotoreihe oben zeigt ein Snaffle Bit (links) und zwei Kandaren. Auf den Zeichnungen sehen wir eine kleine Auswahl der berühmten García-Gebisse, welche von der Capriola Saddle Company in Elko, Nevada, in der Kollektion geführt werden. Auch ausgefallene Stücke wie Pistol Bit, Adler oder Damenbein sind zu finden.

Ein peruanisches Pasopferd trägt ein Zaumzeug, bei dem das Kopfstück, das Sperrhalfter und die Zügel kunstvoll aus feinen Rohhautstreifen gearbeitet sind.

Große Handwerkskunst

94 Jahre alt war Louis Ortega, als wir in Kalifornien einige seiner großartigen Arbeiten bewundern durften. Aus feinsten Rohhautstreifen stellt der wohl berühmteste Rawhide-Künstler wunderschöne Zäume, Hackamores und Bosals, Zügel und anderes her, von der Verarbeitung und vom Material her nahezu unverwüstlich und dennoch oft kaum gebraucht. Höchstens für eine Schauveranstaltung zieht man einem Pferd einen Ortega-Zaum über – die meisten seiner Stücke hängen hingegen wohlverwahrt in den Glasvitrinen begüterter Sammler oder in Tresoren von Spekulanten.

Zu den Besonderheiten aus Ortegas Werkstatt gehören die Quirts, die er immer noch herstellt, weil sie nach wie vor verlangt werden, obschon sie längst nicht mehr wirklich im Einsatz sind. Quirts sind etwa 70 bis 100 Zentimeter lange Peitschen, die aus einem geflochtenen Handgriff bestehen, mit einer Lederschlaufe, die um das Handgelenk liegt, aus einem etwa 30 Zentimeter langen, beweglichen Zwischenstück. Sie enden in zwei fast ebenso langen Lederriemenstücken, die beim Gebrauch klatschend zusammenschlagen. Die frühen Vaqueros benützten die Quirts statt Sporen. Später brachte man an den Zügelenden zum selben Zweck doppelte Lederstreifen an.

Eine ganze Reihe ausgezeichneter Handwerker machte sich schon früher einen Namen. Da gab es einen gewissen R. T. Frazier, geboren 1850 in New Philadelphia, Ohio, der nach dem Bürgerkrieg dem Goldfieber nach Leadville in Colorado folgte. Er arbeitete dort zuerst für die Pete Becker Saddlery, schloß sich dann 1880 S. C. Gallup in Pueblo, Colorado, als Partner an und eröffnete 1890 sein eigenes Geschäft. Frazier-Sättel wurden weitherum berühmt für ihre hohe Qualität, und zu jener Zeit wurden nirgends so viele hervorragende Sättel hergestellt. Frazier war allerdings auch ein guter Geschäftsmann und ließ wohl als erster einen großen Katalog mit seinem gesamten Angebot herstellen, der als «Cowboy-Bibel» Furore machte.

Links
Schon ein aus vier Streifen Rohhaut geflochtenes Lasso ist ein handwerkliches Meisterstück. Die Reatas, die Louis Ortega aus acht oder gar zwölf Streifen herstellte, sind heute kaum noch zu bezahlen.

E. L. Gallatin kam 1828 in Missouri zur Welt und baute bei Israel Landis im Jahre 1860 die berühmten Pony-Expreß-Sättel. Der Pony Express, der zur besonders schnellen Nachrichtenübermittlung diente, führte über gut drei-

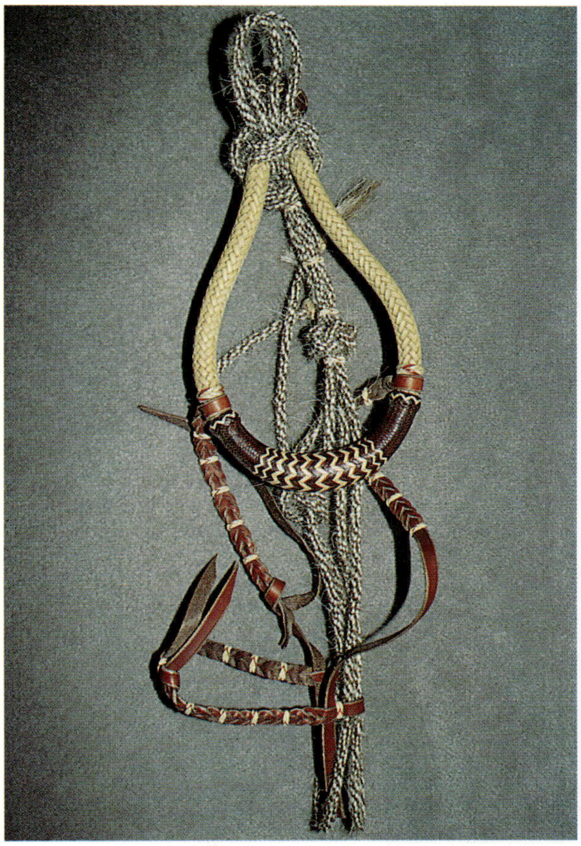

Rechts
Eine Hackamore aus der Werkstatt Ortegas. Daß sie, wie viele seiner Produkte, nie gebraucht wurde, sieht man daran, daß das Nasenstück noch seine ursprüngliche Form hat und nie einem Pferdekinnbacken angepaßt wurde.

Links und unten
Louis Ortega arbeitet auch noch im hohen Alter von 94 Jahren. Einige seiner Meisterstücke sind diese Zügel. Während die meisten anderen in der Westernreiterei geteilt sind (Split Reins), sind die kalifornischen Zügel geschlossen und enden in der Romal mit zwei Lederlappen, die als Peitsche benützt werden kann.

tausend Kilometer, auf denen das Pferd 190mal gewechselt wurde. Die dafür konstruierten Sättel bestanden aus einem der Mochila ähnlichen, abnehmbaren Oberteil, auf dem vorne und hinten je zwei Satteltaschen für die Postsendungen aufgenäht waren, und dem Sattelbaum, an dem die Steigbügel hingen. Beim schnellen Pferdewechsel wurde nur der Oberteil des Sattels ausgewechselt.

Der Italiener Joe Bianci kam 1885 nach Victoria in Texas und eröffnete dort eine Schmiede. Er beschlug nicht nur die Hufe der Pferde, sondern fertigte auch Sporen an, die bekannt wurden, weil sie mit mexikanischen Silbermünzen verziert waren.

Berühmt wurden auch die Sporen von James O. Bass, der 1880 in Atlanta, Georgia, zur Welt kam und schon mit 17 Jahren in Quitaque in Texas sein erstes Geschäft einrichtete. Seine Sporen hatten häufig eine Herzform und waren mit beweglichen Knöpfen und mit Kupfer- und Silberornamenten verziert.

Einer der berühmtesten Sattelbauer der Jahrhundertwende war Frank A. Meanea, der um 1870 ein Geschäft in Cheyenne, Wyoming übernahm. Er kreierte den Cheyenne Style Saddle, der stets mit größter Sorgfalt aus hochwertigstem Material hergestellt wurde. Viele Meanea-Sättel sind heute kostbare Sammlerstücke.

Horsehair Hitching

Links
Horsehair Hitching ist eine Handwerkskunst, die heute nur noch von wenigen beherrscht wird. Vor allem um die Jahrhundertwende entstanden in einigen amerikanischen Gefängnissen viele Zaumzeuge aus Pferdehaar. Hier ein Zaum aus den Händen von Maria Sabine Schmidt.

Wenn man früher sagte, «Johnny Brown flechtet Pferdehaar», so meinte man damit, er sitze im Gefängnis. In vielen Gefängnissen im Westen der USA stellten die Insassen aus Pferdehaar vor allem Zaumzeuge her, eine Arbeit, die viel handwerkliches Geschick, künstlerischen Sinn und sehr viel Zeit erfordert. Einige Gefängnisse entwickelten im Laufe der Jahre das Handwerk zu einer wahren Kunst und ihren eigenen Stil. Ein Fachmann kann an der Art der Arbeit, an den Mustern, Farbkombinationen usw. sagen, ob ein Zaumzeug aus dem Gefängnis Deer Lodge in Montana, Rawhings in Wyoming, Yuma in Arizona, Canyon City in Colorado oder Walla Walla in Washington State kommt. Die anonymen Arbeiten aus diesen Gefängnissen gehören zu den schönsten Horsehair Hitchings, die je hergestellt wurden.

1988 erschien in der Zeitschrift «Western Horseman» ein Artikel über das Horsehair Hitching von Rusty Britton in Colorado. Rusty hatte das Handwerk von einem ehemaligen Insassen des Deer-Lodge-Staatsgefängnisses gelernt. Maria Sabine Schmidt aus Deutschland las den Artikel mit höchstem Interesse und schrieb ihm. Sie hatte ihre Jugend in Ecuador in Südamerika verbracht und war in einer sehr kunstinteressierten Familie aufgewachsen. Die Konfrontation mit präkolumbianischen Keramiken und Textilien hatte ihre Beziehung zu Farben und Mustern geprägt. Außerdem gehörten zur Familie immer Ponys, was wiederum eine starke Beziehung zu Pferden zur Folge hatte.

Rechts
In rund dreißig Stunden werden fünftausend Pferdehaare durch 35 000 Knoten zu einem Gürtel verarbeitet.

Maria Sabine Schmidt aus Deutschland erlernte das Hitching in Colorado und stellt ihre Arbeiten in Europa und in den USA mit großem Erfolg aus.

Rusty Britton lud sie kurzerhand nach Colorado ein, damit sie bei ihm das alte Handwerk gründlich erlernen konnte.

Sechs Jahre später hat Maria ihre Arbeiten in Deutschland, Österreich, der Schweiz, in Frankreich, Spanien und in den USA ausgestellt und verkauft. 1994 wurde sie eingeladen, ihre Kunstobjekte am Gathering of Gear in Elko, Nevada, auszustellen, eine besondere Ehre, die außer ihr nur noch einem Europäer zuteil wurde, dem Schweizer Sattler Pablo Ulli (siehe Seite 149).

Horsehair Hitching hatte seine Blütezeit um die Jahrhundertwende und ist vor allem im Westen der USA verbreitet. Interessanterweise werden in Nigeria in der genau gleichen Technik prächtige Fliegenwedel hergestellt.

Das Hitching ist weder eine richtige Flecht- noch eine Webart, sondern eine Wickeltechnik. Maria verwendet feines mongolisches Pferdehaar, das von freilaufenden Pferden aus Mähne und Schweif gezogen wird. Schlachtpferdehaar ist brüchig und ungeeignet. Jeweils zehn Haare werden einzeln aus einem großen Bündel gezogen, zu einem Strang verknotet und verzwirnt. Die so entstehenden Fäden werden teilweise gefärbt. Nun arbeitet man diese Fäden schlauchförmig um einen Stock, und das Einarbeiten verschiedenfarbiger Haarstränge ergibt die Muster. Zu einem Gürtel verarbeitet Maria etwa fünftausend Haare, die in rund 35 000 Knoten verknüpft werden.

Die ersten Cowboys trugen Leggings oder Mokassins aus Hirschleder, bis aus Mexiko die Botas-de-Alas kamen, die Flügelstiefel mit ihren breiten, flatternden Rändern, die man oft auf älteren Gemälden sieht. Erst gegen 1870 tauchte der eigentliche Cowboystiefel auf, der – wie auf dem Bild – noch einen hohen Schaft hatte. Jetzt wird der Stiefel unter den Jeans getragen, und der Schaft ist zehn Zentimeter kürzer.

Heute noch haben die meisten Stiefel eine dünne Sohle und hohe Absätze. Nach Auffassung der Cowboys spürt man mit der dünnen Sohle den Steigbügel besser, und der hohe Absatz gibt einen besseren Halt im Bügel. Bei der Lassoarbeit vom Boden aus hat man mit hohen Absätzen ebenfalls einen besseren Halt. Den Nachteil bekam der Cowboy zu spüren, der sein Pferd verlor und zu Fuß zurück mußte: bei der Ranch angelangt, war er fast ein Krüppel.

Während noch im letzten Jahrhundert Sporen hauptsächlich in Mexiko verbreitet waren, werden sie seit der Jahrhundertwende überall in den westlichen USA hergestellt. Auch hier wieder gibt es einige Handwerker, die mit Phantasie und Geschick besondere Prachtstücke herstellen und damit berühmt werden, wie etwa die Garcías, Ray Anderson, Bayers, Denny Lytle, Jerry Cates, Jerry Wallace, R. F. Ford oder Crockett. Sporen wie auf diesen Bildern findet man heute noch durchaus im Gebrauch.

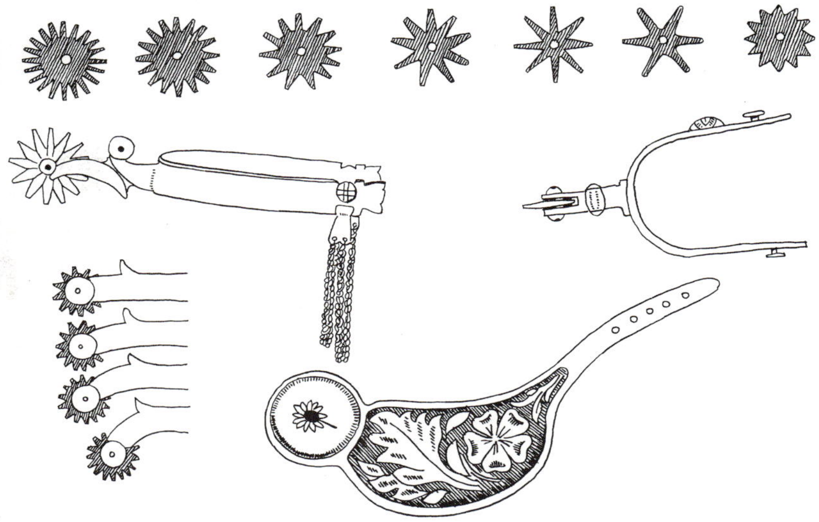

Sporen

Genau wie die Kandare sind die Sporen nicht dazu da, das Pferd zu mißhandeln, obschon das natürlich auch gemacht wird, sondern um dem Pferd feine, präzise Signale zu übermitteln. Für den Cowboy sind die Sporen auch Schmuckstücke, die er in der Öffentlichkeit so wenig auszieht wie seine Hosen. Um die Sporen seiner Träume zu kaufen, blättert heute noch mancher Cowboy das Ersparte von vielen Monaten auf den Tisch. Wie bei den Gebissen gibt es viele Sammlerstücke, die für mehrere tausend Dollar gehandelt werden. Der wohl Berühmteste in der Gilde, Guadalupe S. García, kam 1896 nach Elko, Nevada, einen Tag vor dem Thanksgiving Day, und noch am selben Abend begann er in der Lobby des Hotels Sporen und Gebisse zu verkaufen. Seit damals werden García-Reitutensilien von hoher Qualität hergestellt.

Auf den uneingeweihten Europäer wirken die Cowboysporen mit ihren sternförmigen Rädern nicht gerade wie sanfte Werkzeuge, doch der Schein trügt. Die Spitzen der Rädchen sind in der Regel stumpf, und durch seine Form hat das Rad eine größere Auflagefläche als ein ganz harmlos wirkender europäischer Sporn, der bei der tatsächlichen Anwendung aber viel schmerzhafter ist.

Bis gegen die Jahrhundertwende fand man in den meisten Gebieten des Westens kaum Sporen. Man bediente sich weitgehend des Quirts oder des Romals. Erst um 1890 kamen Sporen regelmäßig von Mexiko nach Santa Fe und von dort mit Händlern weiter in den Norden. Etwa zur selben Zeit tauchten auch immer mehr Hersteller von Sporen auf.

Verschieden wie die Geschmacksvorlieben sind auch die Sporen. Es gibt die unterschiedlichsten Formen, Rädchentypen, Verzierungen. Nur schon die ledernen Sporenriemen sind manchmal kleine Kunstwerke.

Vor allem in Nevada und Kalifornien trägt man häufig die gut knielangen Chaps, die sogenannten Chinks, die häufig punziert und mit Silber- oder Nickel-Conchos geschmückt sind. Die langen Fransen sind nicht nur ein dekoratives Element, sondern leiten auch das Regenwasser ab.

Cowboy Dressing

Die Kleidung der Vaqueros der alten Tage war geprägt von einer langen spanischen Tradition. Heute noch findet man gelegentlich Vaqueros, die vom Hut bis zur Stiefelspitze im jahrhundertealten Stil gekleidet sind. Da fehlt weder das aus Pferdehaar geflochtene Hutband noch das seidene Kopftuch unter dem Hut, weder der Silberschmuck an den Ohren noch die punzierten Lederstulpen an den Vorderarmen. Sie sind freilich Ausnahmen, diese letzten Hüter einer schillernden Vergangenheit. J. W. Finney (siehe Seite 30) ist einer von ihnen.

Elemente aus der spanischen Zeit jedoch sind in der Kleidung des Cowboys ebenso geblieben wie in der Ausrüstung des Pferdes und im Stil des Reitens. Die Funktionalität der Kleider ist wichtiger als alles andere, aber wenn es auch manchmal auf den ersten Blick nicht so scheint, jeder Cowboy hat mindestens das eine oder andere Stück am Leib, auf das er besonders stolz ist. Sehr oft sind das die Chaps.

Das Wetter im Cowboy Country ist immer für Überraschungen gut: erbarmungslose Hitze am einen Tag, eine seit Monaten dauernde Trockenheit, so daß jeder Huftritt den mehlfeinen Staub hochwirbelt, und über Nacht ein Regenguß, der die Prärie in einen unpassierbaren Morast verwandelt, oder ein Blizzard aus dem Norden, der innert Stunden die Temperatur um dreißig Grad oder mehr stürzen läßt. Besonders während den großen Viehtrecks war der Cowboy den Elementen ausgeliefert und mußte sich dagegen schützen. Die Kleidung hatte vor Sonne, Kälte, Regen, Wind und Staub zu schützen und gleichzeitig bequem zu sein, denn der Cowboy trug sie von morgens früh bis spät abends und oft genug auch noch nachts.

Typisch für den Cowboy sind die Chaps, die ledernen Beinkleider, die über den Jeans getragen werden. Ihren Ursprung haben sie in den spanischen Chaparajos, die in Südiberien nach wie vor getragen werden. In erster Linie haben sie die Aufgabe, die Beine vor Dornengebüsch und Kakteenstacheln, vor Schürfungen durch Pfosten bei der Arbeit im Korral und auch vor Wind und Kälte zu schützen. Es gibt auch spezielle Winterchaps, die Woolies oder Hair Pants, die meistens aus Fell von Angoraziegen hergestellt sind. Sie werden mit der Fellseite nach außen getragen. Es gibt sie auch aus Bären-, Bison-, Wolfs-, Hunde- und sogar Pferdefell. Meistens sind diese Woolies schwarz oder braun, seltener weiß und manchmal orangefarben eingefärbt.

Zu den zahlreichen Motiven, die von den Lederkünstlern immer wieder neu gezeichnet und reliefartig aus dem Leder geschaffen werden, gehören Rosen, Winden und andere populäre Blumen, Eicheln und Eichenlaub, aber auch Rinder, Pferde und Cowboys.

Chuck Hitchcock ist Flugzeugmechaniker und machte nebenher immer Lederarbeiten. Seit seiner Pensionierung vor über zehn Jahren ist er täglich in seiner Werkstatt und stellt vor allem einzelangefertigte Chaps auf Bestellung her. Seine wunderschönen Arbeiten sind längst weit über die Grenzen Kaliforniens hinaus bekannt.

Die spanischen Chaparajos sind im Schnitt und in der Art, wie sie getragen werden, den Cowboychaps ähnlich. Die frühen mexikanischen Vaqueros aber hatten sogenannte Armas. Das waren starke Lederlappen, die am Sattel befestigt waren und die sich der Reiter wie eine Schürze über Schenkel und Schoß legte. Um 1860 entstanden in Texas die Armitas oder Chinks, Lederhosen ohne Sitzfläche, die von den Hüften bis zu den Knien reichten. Chinks, häufig mit langen Fransen versehen, sind bei Buckaroos in Kalifornien und Nevada heute noch beliebt. Sie werden meistens aus Ziegenleder hergestellt und sind oft auch mit Silber-Conchos geschmückt.

Die Fransen an den Chinks wie auch an Ärmeln und am Rücken von Wildlederjacken, sind nicht etwa nur Zierde, sondern leiten als wichtige Funktion das Regenwasser ab.

In Kalifornien gab es um die Jahrhundertwende Leggings aus Leder, die von den Fersen bis über das Knie reichten, wie lange Socken ohne Füße. Sie verschwanden aber bald wieder. Aus den Chinks sind bald einmal die eigentlichen Chaps entstanden, die heute in zwei Haupttypen verbreitet sind. Die Shotguns (Schrotflinten) sind zwei Hosenrohre, die zugenäht sind, so daß man von oben in sie hineinschlüpfen muß, oder seitlich mit einem Reißverschluß versehen sind. Die andere Variante heißt Batwings. Diese weitgeschnittenen «Fledermausflügel» flattern um die Beine und werden nur mit einem Bauchgürtel und je etwa drei Riemen an den Oberschenkeln befestigt.

Ganz besonders beliebt sind die Batwings bei den Rodeoreitern. Sie lassen sich ihre Chaps mit verschnörkelten dekorativen Lederaufsätzen in den verschiedensten Farben herstellen.

Ein Cowboy, Rodeo- oder Westernreiter kauft in der Regel seine Chaps nicht von der Stange, und dementsprechend ist das Angebot an fertigen Lederbeinkleidern verhältnismäßig klein. Man geht zum Sattler, wo man sich aus den Mustern zuerst einmal die Haut aussucht, die Maße nehmen läßt und sich dann die Chaps bestellt, wie man sie sich wünscht. Das können einfache, solide Arbeits-Chaps sein oder auch Showchaps mit Ornamenten, Monogrammen, mit kunstvollen Lederpunzierungen und silbernen Conchos und Schnallen.

Die spanischen Chaparajos, seit Jahrhunderten unverändert traditionell und kunstvoll hergestellt und immer noch getragen, sind die Vorläufer der Cowboy Chaps.

Woolies oder Hair Pants heißen die Chaps, die für das kälteste Winterklima aus Angoraziegen- oder Schaffell hergestellt werden. Auch Bison-, Bären-, Hunde- und Wolfsfelle oder das Winterfell von Pferden wurden dafür verwendet.

Geschlossene Arbeits-Chaps, sogenannte Shotguns, in die man wie in Hosen hineinschlüpft, bieten ausgezeichneten Schutz, vor allem in Gegenden mit Dornengebüsch und Kakteen.

Batwings heißen die weiten, flatternden Chaps, die nur mit einem Bauchgürtel und mit einigen Riemchen an den Oberschenkeln befestigt werden. Die Chaps der Rodeocowboys sind immer ganz besonders farbenprächtig und werden stets nach Maß angefertigt.

Etwa gleich wichtig wie die Chaps ist der Hut. Er schützt vor Regen und Sonne, man kann mit ihm Wasser aus einem Bach schöpfen, das Lagerfeuer anfachen und den Kollegen Signale zuwinken. Dieses traditionelle Kleidungsstück gibt es in unterschiedlichen Formen, und oft kann man am Hut erkennen, aus welcher Gegend ein Cowboy kommt. Man sagt, der Hut sei das Letzte, was der Cowboy am Abend aus- und das Erste, was er am Morgen anziehe. Wie unwohl sich der Cowboy ohne Hut fühlt, sahen wir bei der Rancherin Joyce Vieira in Kalifornien, die uns zusammen mit einem halben Dutzend Cowboys nach dem Branding zum Nachtessen eingeladen hatte. Sie verlangte, daß jeder am Tisch seinen Hut ablegen müsse. Die Leute wirkten alle völlig gehemmt, als hätte man ihnen die Hosen weggenommen, aßen so schnell es ging und standen danach sofort auf, um den Rest des Abends stehend, Bierdosen oder Kaffeetassen in der Hand und natürlich den Hut wieder auf dem Kopf, zu verbringen.

Der berühmteste Huthersteller war John B. Stetson, der in der zweiten Hälfte des letzten Jahrhunderts in Philadelphia eine Hutfabrik gründete und betrieb. Der Erfolg seiner weichen, leichten Filzhüte war so groß, daß man heutzutage den Cowboyhut schlechthin Stetson nennt, auch wenn er von einem anderen Hutmacher kommt.

Ein typisches Kleidungsstück ist das Halstuch, die Bandana oder das Neckerchief, etwa 60x60 cm groß und meistens blau oder rot, seltener schwarz oder weiß. Das Tuch wird um den Hals getragen und in der Regel hinten geknüpft, damit man es vorne über die Nase hochziehen kann, wenn ein Sandsturm aufkommt. Die meisten Bandanas sind aus Baumwolle, manche aus Leinen oder Seide.

So ein Neckerchief ist ein äußerst vielseitiges Ding. Man kann sich damit Staub und Schweiß vom Gesicht wischen oder es als Waschlappen benützen. Wenn es stürmt, kann man sich damit den Hut an den Kopf binden,

wenn man verletzt ist, einen Verband daraus herstellen. Man kann es als Wasserfilter benützen, als Fahne oder zum Festhalten des heißen Kaffeetopfs, und zwei Bandanas geben ein gutes Paar Hobbles zum Fesseln der Pferdevorderbeine ab.

Nur noch selten sieht man heute die Lederstulpen oder -mancheten vorne an den Armen, welche die Handgelenke schützen. Gerade diese Bekleidungsstücke wurden sehr oft mit großer Sorgfalt mit Punziermustern, Silbernieten und -conchos verziert. Man sagt auch, daß der Cowboy dank der Lederstulpen sein Hemd nur einmal im Monat zu wechseln brauchte, weil man die schmutzigen Hemdmanchetten nicht sah – freilich mußte er sich dann stets gegen den Wind stellen.

CHAMPION

ARABIAN

G

WORKING COW HORSE
CANADIAN
1983
RCHA
SNAFFLE BIT

WORLD CHAMPIONSHIP
SNAFFLE
BIT
FUTURITY
TOP TEN
CRCHA
19
81

Belt Buckles, die großen, auffälligen Gürtelschnallen, haben heute genauso ihre Liebhaber wie Sporen, Gebisse und Rohhautarbeiten, und besondere Stücke werden für viel Geld gehandelt. Im Gegensatz zu anderen Utensilien haben sie keine eigentliche Tradition. Vor hundert Jahren waren sie noch unbekannt.

Richtig in Mode gekommen sind sie erst in den letzten Jahrzehnten. Inzwischen stellen sie an Rodeoveranstaltungen und vor allem an Westernturnieren begehrte Preise dar. Wer wäre nicht stolz, den Buckle eines World Champions zu tragen?

Prächtig gearbeitet waren früher oft auch die Revolvergürtel. Als sie um die Jahrhundertwende immer mehr verschwanden, hatten die Kidney Belts oder Nierengürtel vorübergehend eine große Blütezeit. Die oft 10 bis 15 Zentimeter breiten Gürtel waren ebenfalls oft kostbare, individuell angefertigte Prachtstücke mit zwei oder drei Schnallen übereinander.

Heute noch erhält man in den USA und in Kanada in jedem guten Westernstore für verhältnismäßig wenig Geld ausgezeichnete, geschmeidige und zähe Handschuhe, meistens aus Hirsch- oder Ziegenleder und für den Winter aus Lammfell. Der Handschuh ist unentbehrlich für die Lassoarbeit oder für die Bodenarbeit mit jungen Pferden, die einem ein Seil durch die Hände ziehen und dabei böse Verbrennungen verursachen können. Früher waren viele Handschuhe mit glockenförmigen, bis über zwanzig Zentimeter langen Manschetten ausgestattet. Oft stellten Indianerfrauen solche kunstvolle, mit Stickereien, Glasperlen und Lederfransen entlang der äußeren Naht verzierte Handschuhe her.

Spanischen Ursprungs ist die ärmellose Weste. Sie ist bis heute noch sehr beliebt bei den Cowboys und hält mit dem Country-Modestil auch in Europa wieder Einzug. Die Weste gab und gibt es in allen erdenklichen Variationen, aus billigem Baumwollgewebe oder aus Samt und Seide, aus Fell oder Leder, bestickt, fransenbehangen und nietenverziert. Die Weste schützt und gibt gleichzeitig viel Bewegungsfreiheit. Zudem hat sie genügend Taschen für Tabak, Zigarettenpapier und Streichhölzer.

Gegen den Regen gab es früher knielange, hellbraune Mäntel aus gewachstem Segeltuch, die hinten bis zum Gesäß aufgeschlitzt waren und die auch den Sattel vor dem Regen schützten. Mäntel dieser Art findet man heute noch auf dem Markt, obschon sie später von den gelben Wachstuchmänteln und -jacken, wie sie in ähnlicher Art von Seeleuten getragen werden, ziemlich verdrängt wurden.

Den Segeltuchmantel gab es auch mit einem Wollfutter für den Winter. In den kältesten Regionen trug man im Winter schwere Mäntel aus Bisonfell. Als man die Bisons bis auf einige hundert Exemplare ausgerottet hatte, um die Indianer auszuhungern, stellte man die Mäntel aus dem langhaarigen Winterfell von Pferden her.

Das in seiner Art wohl bemerkenswerteste Cowboy-Kleidungsstück jedoch sind die Blue Jeans. Von Levy Strauss aus blauem, unverwüstlichem Baumwollstoff hergestellt, mit Kupfernieten verstärkt und als Arbeitskleidung kreiert, traten diese Jeans gegen Ende der fünfziger Jahre einen unvergleichlichen Siegeszug durch die Freizeitmode rund um die Welt an.

Er lebt in einem alten Wohnwagen neben den Stallungen, trinkt am Samstag auch mal ein Bier über den Durst, strahlt eine heitere Gelassenheit aus und kann ganz einfach mit Pferden umgehen: Steve Wright, geboren 1941 im Bundesstaat Maine. Dieser Mann ist keine Berühmtheit und wird es wohl nie werden, und er soll hier stellvertretend für all jene unbekannten Leute stehen, die sich ihr Leben lang mit Hingabe und angeborenem Talent den Pferden widmen und von denen nie jemand spricht, obschon sie unentbehrlich sind.

Steve wuchs nicht mit Pferden auf, spürte aber bei jeder Gelegenheit, daß er mit ihnen umgehen konnte. Er jobte herum, bis er hörte, daß Fred Herrick in Redhook, New York, einen Assistant Trainer für seine Morgan Horses suchte. Daraufhin meldete er sich unbekümmert – man konnte ihn ja höchstens wieder hinausschmeißen. Seine erste Aufgabe bestand darin, 14 zweijährige Pferde am Wagen einzufahren. Steve hatte noch nie ein Pferd eingefahren, aber das wußte nur *er*. Er erledigte seine Arbeit und konnte bleiben.

Der vierjährige Paint-Hengst «Matalena» gehört Allen Rapert, einem großartigen Horseman: Etwas besseres kann man einem Pferd wohl kaum wünschen.

Nach zwei Jahren kam Steve die Idee, selbständig zu arbeiten. Er reiste zurück nach Maine und eröffnete dort einen Ausbildungsstall für die verschiedensten Rassen und alle möglichen Disziplinen. 1971, nach rund fünf Jahren, brauchte er einen Tapetenwechsel. Steve zog nach New Brunswick in Ostkanada und spezialisierte sich dort auf die Ausbildung von Westernpferden; er ritt auch eigene und fremde Pferde an Turnieren. Hier begann er, Kurse zu geben, verliebte sich 1975 in eine reiche Frau, heiratete sie und zog mit ihr nach Florida. Zehn Jahre lang beschäftigte er sich dort vorwiegend mit dem Handel von Westernpferden. Nach der Scheidung übersiedelte er nach Texas und zog dort mit einem Partner einen Pferdehandel auf. Er kaufte Quarter Horses in Texas und verkaufte sie in Ohio, Pennsylvania und Kentucky auf Auktionen. Trotz gutem Verdienst hatte er nach vier Jahren genug davon, denn er war dabei mehr Lastwagenchauffeur als Pferdetrainer.

Steve trennte sich von seinem Partner und nahm eine Stelle bei Wallace Barbee an, einem Appaloosa-Züchter in Sanger, Texas. Weitere zwei Jahre später, 1990, wechselte er zu Candy Mercer, die – ebenfalls in Sanger – einen Handelsstall für Quarter Horses betreibt. Hier lernten wir Steve kennen, und im Laufe der nächsten Wochen begannen wir seine stille Präsenz, seine ruhige Art, mit Pferden umzugehen, die so gar nicht der Unruhe seines Lebens entspricht, und seine Bescheidenheit zu schätzen. Gegenwärtig bildet der Mann vor allem junge Pferde aus, die direkt von der Weide kommen. Er macht Bodenarbeit nach dem Prinzip von Tom Dorrance und mit eigenen Elementen.

Steve Wright, ein Mann, der die Höhen und Tiefen des Lebens ausgelotet hat, steht hier stellvertretend für all die unzähligen Horsemen, die irgendwo im stillen ihre gute Arbeit leisten.

Große Horsemen

Früh am Morgen fahren wir von unserer Basis in Sanger, Texas, hinüber ins benachbarte Aubrey. Wir finden Marty Fouch hinter der Reitanlage auf einer taunassen Wiese. Er reitet ein Dutzend große Zirkel nach rechts, ein Dutzend nach links, um das Pferd aufzuwärmen, und kommt dann in die Arena. Sein italienischer Gehilfe Alfredo, der kaum ein Wort englisch spricht, hat bereits mit dem Pferd etwa zehn Kälber von der Weide geholt, und die stehen nun eng aneinandergedrängt an der Wand. Marty begrüßt uns, fragt, was und wie wir fotografieren wollen, und reitet ein in den Arbeits-Paddock. Ganz ruhig reitet er an die Kälber heran, überträgt seine eigene Ruhe auf das Pferd, drängt wie zufällig eines der Tiere von der Gruppe ab, das dann plötzlich merkt, daß es allein ist und zu den anderen vorpreschen will. Aber nun ist das Pferd mit einem Schlag hellwach. Es reagiert blitzschnell auf jede Bewegung des Kalbes, sperrt ihm den Weg ab, duckt sich lauernd, fast wie ein Hirtenhund, und Marty sitzt einfach da, tut kaum etwas am Zügel, gibt höchstens dann und wann ein Signal mit einem Bein. Das junge Pferd weiß bereits, worum es geht, und arbeitet weitgehend selbständig. Daß es seine Arbeit mit Spaß und großem Eifer macht, ist leicht zu erkennen. Und daraus wiederum ersieht man, daß hier ein Horseman am Werk ist, einer, der sich wirklich in das Pferd hineinversetzen kann und der die Pferdesprache kennt.

Der junge Marty Foutch gilt als heißer Insidertip: er hat ein überragendes, angeborenes Talent für die Arbeit mit Cutting Horses.

Am anderen Rand von Aubrey besuchen wir ein paar Tage später einen Trainer, der im Zenit des Ruhmes steht, einen der bedeutendsten Horsemen Amerikas und eine der schillerndsten Persönlichkeiten im Western Horse Business: Altmeister Jack Brainard.

Wie mit dem Pferd verwachsen, perfekt im Gleichgewicht, sitzt er im Sattel, reitet einige Zirkel im Lope, macht einige Biegeübungen und demonstriert uns dann – unverkennbar ein großer Meister – eine Serie Zweier-Galoppwechsel in perfekter Manier, und dies mit 75 Jahren, wohlverstanden.

Etwas später, im Gespräch, ist es dann gar nicht so leicht, ihn zum Reden über sich zu bewegen. Er schwärmt von de la Guérinière, Pluvinel, Grisone und anderen klassischen Reitkünstlern, gibt sich selbst bescheiden, wie das so typisch ist für wirklich große Persönlichkeiten.

Auch mit
75 Jahren noch
ein brillanter
Reiter:
Jack Brainard.
Er ist einer der
bedeutendsten
Trainer und
Züchter von
Quarter Horses,
aber er spricht
lieber über die
alten Meister als
über sich selbst.

Jack Brainards ganz besonderer Stolz: eine Herde erlesener Quarter-Horse-Zuchtstuten aus den besten Blutlinien.

Über sechzig Jahre engen Kontakt mit Pferden und jede Menge Erfolge hat er vorzuweisen, aber er spricht lieber über seine Vorbilder.

Jack wuchs auf einer Ranch bei Rapid City in South Dakota auf. Sein Vater deckte Ranch-Stuten mit Kaltbluthengsten, fuhr auch die Jungpferde ein und verkaufte sie dann meistens als Zweier-Gespann-Teams. Er hatte züchterisches Geschick, und seine Pferde, obschon «mehrrassige» Kreuzungsprodukte, wurden bis nach Ohio und Wisconsin verkauft.

Im Jahre 1927, als Jack acht Jahre alt war, ließ ihm sein Vater von Jake Shriner in Rapid City für 15 Dollar den ersten Sattel anfertigen. Jack besitzt diesen Sattel heute noch, und er befindet sich in wundervoll gepflegtem Zustand. Ebenso stolz ist er auf den Lieblingssattel seines Vaters, der 1914 in Montana gebaut worden war und aussieht, als wäre er nur wenige Jahre alt.

Etwas später zog die Familie Brainard nach Iowa, wo Jack die Hochschule besuchte. Während dieser Zeit übte er sich wettkampfmäßig im Calf Roping. Obschon er dazu mit seinem Kaltblutmischling nicht gerade brillant beritten war, machte er in zahlreichen Rodeos in der Gegend mit und holte sich fast regelmäßig Preisgelder. Auf diesen Veranstaltungen lernte er aber auch die Quarter Horses kennen, die von Cowboys aus Texas mitgebracht wurden. Obschon der Zuchtverband erst einige Jahre später gegründet wurde und es die Rasse noch gar nicht offiziell gab, befanden sich unter den Quarter Horses ausgezeichnete Tiere.

Im Zweiten Weltkrieg trat Jack in die Armee ein und wurde zuerst in Alaska, später in Fort Hood in Texas stationiert. Hier entdeckte er in der Nachbarschaft die Goodrich Ranch, wo erstklassige Quarter Horses gezüchtet und ausgebildet wurden. Jack verbrachte jedes Wochenende auf der Ranch und arbeitete nach dem Militärdienst noch ein halbes Jahr dort. Bevor er nach Hause reiste, kaufte er einen Junghengst – und der wurde das erste registrierte Quarter Horse in Iowa.

Seit Jack die ersten Quarter Horses kennengelernt hatte, war er von dieser Rasse mehr fasziniert als von jeder anderen. 1947 konnte er von Leo Cremer aus Montana, einem der größten Rodeoveranstalter, einige Zuchtstuten sowie einen Junghengst aus der Zucht der berühmten King Ranch in Texas erwerben. Damit begann er, systematisch Quarter Horses zu züchten und eine der besten Zuchten aufzubauen. In den 48 Jahren seiner züchterischen Tätigkeit hat Jack mit jeder Quarter-Horse-Zuchtfamilie gearbeitet und über jede ein umfassendes Wissen gesammelt. Er hat alle Stammhengste der einzelnen Linien selbst geritten, um sich ein klares Bild über deren Eigenheiten zu machen. Sein Zuchtprogramm ist auf dieser großen Erfahrung aufgebaut, und sein Erfolg beruht auf einer unerbittlichen Selektion.

Die Zuchtstuten, die weitgehend von Jacks Frau Susan betreut werden, sind größtenteils Töchter und Enkelinnen so berühmter Pferde wie «King», «Poco Bueno», «Okie Leo», «Wim-

Die 47jährige Peggy Boomer auf «Carry Over», den sie wegen seines Lippenklapperns «Popper» nennt. Die kleine Peggy gewann mit dem großen Appaloosa «alles, was es zu gewinnen gab».

py» und «Bali Bob». Diese Stutenherde zeigte uns Jack mit ganz besonderem Stolz.

25 bis 30 Jungpferde werden heute jährlich auf der «Diamond B Ranch», die seit 1991 im Besitz der Brainards ist, aufgezogen und ausgebildet. Jacks Pferde sind überall in Amerika und inzwischen auch in Europa bekannt für ihre solide Grundausbildung, auf welcher Trainer dann aufbauen können. Man findet sie regelmäßig in den Endausscheidungen der Weltmeisterschaften für junge Pferde. Und man findet dieselben Pferde oft noch viele Jahre später vorne in der Sportszene.

Jack sagt: «Wir wollen nicht, daß die Karriere des Pferdes mit der Futurity (Jungpferdeprüfung) abgeschlossen ist. Die Pferde sollen aufgrund ihrer Ausbildung ohne Druck und Angst viele, viele Jahre frisch und leistungsfähig sein. Das ist unser Ziel.»

Und Jack gibt offen zu, daß auch er sich, bei all seiner Erfahrung, noch in jüngerer Zeit maßgeblich von anderen großen Horsemen beeinflussen ließ, namentlich von Tom Dorrance und Ray Hunt. Deren Tradition ist bekannt für das Arbeiten mit Pferden ohne Streß. Sie ist so erfolgreich, weil den Pferden nicht unter Druck und Angst Lektionen eingebläut werden, sondern weil diese willig arbeiten und dem Reiter vertrauen.

Seit 1952 ist Jack Brainard Richter der AQHA – viel länger als jeder andere.

Natürlich gibt es in den USA nicht nur große Horsemen, sondern auch beachtenswerte «Horsewomen». Peggy Boomer aus Gilroy in Kalifornien gehört dazu. Sie züchtet keine Pfer-

«Rockin N'Style» hat farbige Appaloosa-Eltern, ist aber selbst rabenschwarz und eine außergewöhnlich imposante Erscheinung.

de, ja sie reitet nicht einmal professionell und hat dennoch gleich mehrere Weltmeistertitel vorzuweisen.

Wir besuchten sie an einem Spätnachmittag kurz vor dem Thanksgiving Day. Das Licht war golden, als Peggy ihren «Rock' N Style» aus der Boxe holte und in den großen Paddock hinauslaufen ließ. Obschon ein Appaloosa und von farbigen Eltern, war er rabenschwarz. Außerdem hatte er wohl ein Stockmaß von über 170 Zentimeter und war der weitaus größte seiner Rasse, den wir je gesehen hatten. Und er hatte Power. Sofort galoppierte er los, machte Luftsprünge, warf den Hintern hin und her, preschte auf uns los, als wollte er uns über den Haufen rennen, und sauste zentimeternah an uns vorbei. Die Sache machte dem Tier offensichtlich Spaß. Er war eine ganz besondere Pferdepersönlichkeit mit einer faszinierenden Ausstrahlung.

Nach dem «Schwarzen» – Peggy nennt ihn The Black – kam «Carry Over» in den Paddock, ebenfalls ein sehr großer, aber fuchsfarbener Appaloosa mit weißer Decke (siehe Bild auf Seite 120), auch dies ein schönes Pferd mit einer starken Präsenz. Immer wieder kann man feststellen, daß besonders leistungsfähige Pferde auch speziell beeindruckende Persönlichkeiten sind. Der wirkliche Horseman versteht es, die Rolle des Ranghöheren zu spielen, ohne seinem Pferd das Selbstbewußtsein zu zerstören, und das sieht man diesen Tieren an.

Peggy kochte einen für amerikanische Verhältnisse sehr starken Kaffee, brachte Cookies, kramte Fotos hervor und begann zu erzählen:

«Ich machte schon sehr früh meine ersten Erfahrungen mit Pferden. Als ich ein Kind war, hatten wir zwar keine Pferde in der Familie, aber an jedem Wochenende konnte ich in einem nahen Reitstall eines mieten. Erst als ich das Gymnasium besuchte, erhielt ich mein erstes eigenes Pferd. Ich ritt es mit viel Freude, aber ohne Ambitionen. Keinen Augenblick dachte ich, daß ich jemals an einem Turnier starten würde. Kurz nach dem Schulabschluß heiratete ich, ein Jahr später war meine Tochter da. Wir zogen aufs Land, weil ich auf einer Cattle Ranch einen Job als Ranch Manager bekam. Ich blieb zehn Jahre lang dabei und tat einfach alles, von Geburtshilfe bei Stuten bis zum Kälberbrennen. Weil wir so weit von der Stadt und vom nächsten Tierarzt weg waren, lernte ich, Verletzungen bei Pferden zu nähen, Kälber auf die Welt zu ziehen usw.

Pat Parelli entwickelte auf den Grundlagen alter und jüngerer großer Pferdekenner seine Methode des Natural Horsemanship, mit der er weltberühmt wurde.

Als meine Tochter das Gymnasialalter erreichte, entschloß ich mich schweren Herzens, den Job aufzugeben und in die Nähe der Stadt zu ziehen. Ich fand eine Anstellung in einem Reitstall, wo es Appaloosas gab. Es war nicht mein erster Kontakt mit Appaloosa-Pferden. Wir hatten einen Appy auf der Ranch, den ich ausbildete und auf dem meine Tochter ihre ersten Reiterfahrungen sammelte.

Zwei Jahre nach meinem Umzug zur Stadt kaufte ich meinen ersten eigenen Appaloosa. Ich brachte ihn zu einem Trainer. Drei Tage später starb er dort an einem Walker (eine elektrisch betriebene, karussellartige Maschine, an der Pferde im Kreis bewegt werden) aus unerfindlichen Gründen.

Ein lieber Freund von mir machte sich auf die Suche nach Ersatz und brachte mir schließlich einen großartigen jungen Hengst. Wir nannten ihn 'Popper', weil er dauernd seine Lippen mit einem 'poppenden' Geräusch auf- und zuklappte. Sein richtiger Name ist 'Carry Over'. Er war erst zwei Wochen, bevor ich ihn kaufte, kastriert worden. Der Grund dafür: er übersprang einen 1,80 Meter hohen Zaun beim Versuch, in die Stutenweide zu gelangen. Das Ganze scheiterte knapp, weil er im Zaun hängen blieb und dort erst nach Stunden entdeckt wurde.

Bob Loomis aus Nebraska, seit 1986 wohnhaft in Marietta, Oklahoma, ist der erfolgreichste Reining-Reiter der Gegenwart und kann unter anderem fünf Weltmeistertitel vorweisen.

'Popper' aber war noch 'roh', als ich ihn mit drei Jahren kaufte. Er war also in seiner Ausbildung ein Jahr hinter allen Gleichaltrigen. Ich zeigte ihn auf einer lokalen Appaloosa-Show. Ein Appaloosa-Trainer fragte mich, ob er mit 'Popper' arbeiten und ihn an der Show im Cal Palace in San Francisco reiten dürfe, und ich war einverstanden. Im Oktober war es soweit. Er schlug alle Dreijährigen, die schon weit über ein Jahr lang trainiert wurden, und wurde erster in der Junior Hunter under Saddle Class, einer englisch gerittenen Dressurprüfung. Wir ritten ihn noch weiter englisch, und im folgenden Herbst gewann er die Staatsmeisterschaft.

Ich konnte mit dem Englischreiten nicht warm werden und stellte 'Popper' auf Western um. Mit fünf begann ich, mit ihm an Pleasure Prüfungen teilzunehmen. Er gewann alles. Er war absolut zuverlässig, und er war zudem mein bester Freund.

Zur selben Zeit suchte ich nach einem zweiten Pferd für mich. Zufälligerweise fand ich ein vier Monate altes, schwarzes Hengstfohlen. Es stand vor seiner Mutter und hatte eine einzigartige, ja arrogante Ausstrahlung. Vom ersten Tag an arbeitete ich jeden Tag mit dem Fohlen im Round Pen, im Schritt und im Trab, bis es 18 Monate als war. 'Rockin N'Style' war großartig. Ich habe nie in meinem Leben ein Pferd mit so starker Persönlichkeit erfahren.

Mit zwei nahmen wir 'Rockin N' Style' nach Texas zur World Appaloosa Horse Show, um ihn in Pleasure zu reiten. Eine bekannte Trainerin, die ihn sah, fragte, ob sie ihn am Abend in der Junior Hunter under Saddle Class reiten dürfe. Ich hatte den Schwarzen nur Western geritten, er hatte noch nie einen Englischsattel auf dem Rücken gehabt. Wir hatten nichts gegen den Versuch einzuwenden – und der Schwarze gewann die Prüfung.

Ich hatte nun also ein junges Pleasure-Pferd, aber deswegen wollte ich natürlich meinen großartigen 'Popper' nicht auf die Weide entlassen. Ich brachte ihn für dreißig Tage zu einem Trainer, der ihm die Grundbegriffe des Reining beibrachte, die Basis von Spins, Sliding Stops sowie fliegenden Galoppwechseln. Der Rest war meine Sache. Reining war neu für mich – und das größte Vergnügen, das ich seit langem hatte. Im ersten Jahr gewann 'Popper' bei den Reining-Prüfungen die Staatsmeisterschaft im Senior Reining und den Phil Wright Memorial Award, den das Pferd mit der höchsten Reining-Punktzahl erhält.»

Roger Brazeau ist ein erfolgreicher kanadischer Reining-Horse-Trainer, ein Könner, der jedes Pferd «lesen» kann. Im Winter 1994 wurde es ihm in seiner Heimat endgültig zu kalt, und er eröffnete einen Trainingsstall in Collinsville, Texas.

Gery Nilmeyer ist kein Reitprofi, sondern Tiefbauunternehmer, aber mit großer Leidenschaft Team Roper. Er lebt in San Martin, Kalifornien, und es gibt kaum einen Tag, an dem er nicht einige Stunden mit den Pferden verbringt.

Die vierte oder fünfte Kaffeetasse war inzwischen leer. Wir verabschiedeten uns von Peggy. «Come back», rief sie uns nach. Wir glauben, daß sie es ernst meinte.

Ein großer Horseman von ganz anderer Art ist Pat Parelli. Pat ist weltberühmt geworden durch seine Methode des Natural Horsemanship, mit seinem Buch, seinen Videos und seinen Kursen, die er in den USA, in Europa und Australien gab und immer wieder gibt. Dabei betont er, daß seine Philosophie uralt sei, daß zum Beispiel Xenophon schon vor zweitausend Jahren gesagt habe, Kommunikation sei der Schlüssel zum Pferdeverständnis; und daß er viel von seinem heutigen Wissen einer ganzen Reihe großer Horsemen zu verdanken habe, zum Beispiel Tom und Bill Dorrance, Ray Hunt, Fredy Knie, Joe und Arlene Aguilar usw. Wesentlich an seiner Philosophie ist, daß er nicht eigentlich das Trainieren von Pferden unterrichtet, sondern in erster Linie seine Schüler selbst ausbildet und ihr Pferdeverständnis zu fördern versucht.

Pat hat im Laufe vieler Jahre über 15 000 Schüler unterrichtet, und mehr als 50 000 Zuschauer haben seinen Kursen beigewohnt. Mit seinen Vorführungen macht er immer wieder Furore, zum Beispiel mit dem Zähmen wilder Pferde am National Finals Rodeo, mit Präsentationen bei der American Association of Equine Practitioneers und beim Australian Horse Congress oder bei Reining- und Dressurvorführungen ohne Zaumzeug anläßlich der Olympischen Spiele.

Bob Loomis nennt man auch «Mister Reining Horse», und das hat gute Gründe. Er hat sechsmal die National Reining Horse Association Futurity gewonnen, ist fünffacher Weltmeister der AQHA und hat eines der erfolgreichsten Trainingsprogramme zusammengestellt.

Bob kam 1943 in Lincoln, Nebraska, zur Welt und wuchs unter Pferden und Hunden auf. Die Loomis-Familie war aktiv vor allem in der Welt der Saddlebred Horses. Mit fünf Jahren ritt Bob erstmals ein Saddlebred namens «Mystery of Rhythm» in einer Prüfung und gewann auf Anhieb.

Als Jüngling hatte Bob eine Freundin namens Bonnie Sherwood. Ihr Vater George trainierte Reining Horses, und das war es, was Bob total faszinierte – mit Gangartenreiten konnte er schon lange nichts mehr anfangen. George besaß das World Champion Reining Horse von 1960, «Magnolia Denny». Und er hatte noch eine alte Stute, die noch immer großartig stoppen und drehen konnte und auf feinste Hilfen reagierte. Auf ihr lernte Bob den ganz besonderen Reiz des Reining kennen, von dem er nie wieder loskam.

Einer seiner wichtigsten Lehrer war George Phillips – der selbst nie ritt. Er war Pferdehändler und Gespannfahrer und ein phantastischer Pferdekenner. Bob sagt von George, er habe am Kopf eines Zweijährigen dessen Charakter genau erkennen können und vorausgesagt, wie der sich beim Einreiten benehmen, wie schnell er lernen und wie gut er später einmal werden würde.

George Phillips lehrte Bob, Pferde vom Boden aus zu beobachten. Und er lehrte ihn, Pferde zu erfühlen und auf feinste Art und Weise mit ihnen umzugehen. Er befestigte die Führleinen mit Fäden am Zaumzeug, und Bob mußte nun Fahren lernen, ohne daß die Fäden rissen. Bob lernte von George auch, daß ein unter Druck und Angst auf die Schnelle trainiertes Pferd sich nie auf die Länge bewähren kann, sondern nur eine Methode zum Erfolg führt: eine langsame, solide Ausbildung.

Bob begann 1966 selbständig als Trainer zu arbeiten und bei Reining-Prüfungen zu starten. Er wurde nicht auf Anhieb Champion, erreichte aber immerhin in Denver und Fort Worth den fünften Platz. In Houston ging gar nichts, in Chicago verlor er einen Zügel. Kontinuierlich ging es dann aber aufwärts. 1967 erreichte er schon zweite und dritte Plätze. 1969 kam er zu einem jener seltenen Pferde, die wirklich überragend sind: «Monika». Wo immer er mit der Stute in Jungpferdeprüfungen startete, gewann er. Bob Loomis lebt seit 1986 mit seiner Frau Shelly in Marietta, Oklahoma.

Mindestens einen Mann gibt es in der europäischen Westernszene, der das Prädikat Horseman mit Fug und Recht verdient: Jean-Claude Dysli. Nicht umsonst nennt man ihn den «Nestor des Westernreitens». Er hat diesen Reitstil nach Europa gebracht. Seinem unermüdlichen Einsatz, seinem reiterlichen Können und seiner besonderen Gabe, Wissen weiter zu vermitteln, verdanken wir die heutige Popularität und Verbreitung der Westernreiterei auf unserem Kontinent.

Das ist nicht etwa Kirk Douglas, sondern Teddy Johnson aus Gainesville, Texas. Er gehört zu den bekanntesten Cutting-Horse-Trainern Amerikas.

Seine Karriere begann ganz konventionell. Er lernte bei seinem Großvater bei Tavannes in der französischen Schweiz solide und nach alter Väter Sitte reiten und hatte auch im Militärdienst, wo er es bis zum Hauptmann der Kavallerie brachte, mit Pferden zu tun. Beruflich aber studierte er in Zürich Bauingenieur. 1960, als 25jähriger, ging er mit einem Arbeitsauftrag nach Kalifornien. Nach dessen Erledigung wollte er noch sechs Monate in den USA bleiben, doch daraus wurden rund zwanzig Jahre. Der Mann, der die Idee gehabt hatte, den Cowboys einmal das Reiten beibringen zu wollen, entdeckte, was Westernreiten wirklich ist. Jean-Claude lernte die Brüder George und Harry Rose kennen, damals die wohl brillantesten Leute in der amerikanischen Westernszene. Der Schweizer verbrachte vier Jahre bei ihnen und lernte das Reiten nochmals von Grund auf. Daß er eine konventionell europäische Reitausbildung hinter sich hatte, betrachtet er keineswegs als Nachteil. Er hat gute Elemente daraus in die Reitmethode übernommen, die er später im Laufe vieler Jahre entwickelte und an der er heute noch ständig arbeitet.

Nach seiner Ausbildung bei den Rose Brothers arbeitete er als selbständiger Cowboy und verfeinerte in dieser Zeit seine Kenntnisse im Cutting bei J. T. Fisher. 1971 eröffnete er seinen ersten eigenen Trainingsstall in Hollister, Kalifornien.

Jean-Claude sieht und spürt, wenn in einem Pferd besondere Qualitäten stecken. Er erkannte, daß viele Doc-Bar-Pferde hervorragende Anlagen hatten, als noch niemand von dieser Linie sprach. Er kaufte viele Doc-Bar-Nachkommen für ein paar hundert Dollar und machte gutes Geld, als diese Pferde um 1965 ihren Siegeszug antraten und den Turniersport am Rind revolutionierten.

Schon 1963 brachte Jean-Claude die ersten Quarter Horses nach Europa, in die Schweiz. 1968 verkaufte er die ersten Quarters in Deutschland. Im gleichen Jahr gab er seinen ersten Westernreitkurs in der Schweiz. 1973 konnte Jean-Claude Dysli an der Equitana das Westernreiten präsentieren und damit erstmals ein

Jean-Claude Dysli, der Schweizer, der vor bald dreißig Jahren das Westernreiten nach Europa brachte und hier heute noch die schillerndste Persönlichkeit in dieser Szene darstellt. Er ist zugleich einer der wenigen Leute, die das Hackamore-Reiten wirklich beherrschen.

breites, öffentliches Interesse wecken. Bei dieser Gelegenheit kam ihm seine konventionelle Ausbildung sehr zugute. Im Gespräch mit bekannten Hippologen konnte er den Unterschied der beiden Reitweisen gründlich und fachlich korrekt erklären.

1975 kehrte er in die Schweiz zurück, 1981 zog er nach Welzheim in der Nähe von Stuttgart, und 1985 fand er seine neue und wohl endgültige Heimat in Andalusien. Auf der 250 Hektar großen Hazienda Buena Suerte hat er mit seiner Frau Magda einen Zucht-, Ausbildungs- und Gästebetrieb aufgezogen.

Ich kenne Jean-Claude schon seit bald zwanzig Jahren. Immer wieder sind wir einander begegnet, meistens, wenn er in der Schweiz Kurse gab. Als Monika und ich den Entschluß faßten, ein Buch über das Westernreiten zu machen, war es naheliegend, Jean-Claude zu besuchen, ihn um Hilfe und Rat zu bitten – und ihm zuzuschauen. Dazu hatten wir reichlich Gelegenheit. Er sitzt, wenn er zuhause ist, täglich fünf, sechs, acht Stunden im Sattel. Ihn zu beobachten, ist ein Hochgenuß für jeden, dem Pferde etwas bedeuten, und es wird auch nach Wochen nicht langweilig. Ob er nun ein junges, rohes Pferd mit in den Round Pen nimmt und scheinbar ganz spielerisch dessen Respekt und Vertrauen gewinnt, oder ob er einen Crack auf die Turniersaison vorbereitet, im riesigen Sandviereck, in dieser lässigen Eleganz, die so natürlich wirkt und diese Kunst so völlig einfach erscheinen läßt, nie wird man davon müde.

Alvaro Domecq, der Begründer der Andalusischen Reitschule in Jerez de la Frontera und einer der größten Reiter Spaniens, sagte nach einer Vorführung zu Jean-Claude: «Tu tienes manos de oro» – er besitze goldene Hände. Das sei das größte Kompliment gewesen, das er je in seinem Leben erhalten habe, sagt Jean-Claude, und ihm wichtiger als alle Champion-Titel, von denen zahlreiche, unbeachtet in Hinterzimmern verstaubende Pokale und Gürtelschnallen zeugen.

DIE TURNIERDISZIPLINEN

Auf zum Turnier! Die meisten Western Horses haben Freude an der Arbeit und am Wettkampf. Die wenigen Ausnahmen, denen dies keinen Spaß macht, weil sie einfach keine Leistungstypen oder aber schlecht ausgebildet sind und unter Zwang und Angst ihre Aufgabe erfüllen müssen, sind meist nur kurze Zeit im Turniersport mit dabei.

Noch vor zwanzig Jahren waren es ein paar «Spinner», die in Europa einen Westernsattel auf ihr Pferd schwangen. Wenn sie sich zu einem Turnier trafen, war das eine eher familiäre Angelegenheit. Und was man damals noch als anständiges Reining ansah, würde heute bestenfalls für eine Einsteigerklasse genügen. Von den «richtigen» Reitern wurden diese Exoten belächelt oder auch ganz offen mit Spott und Hohn bedacht. Wer hätte damals gedacht, was sich in den neunziger Jahren abspielen würde?

Heute erlebt das Westernreiten in Europa einen Boom, wie ihn noch keine Reitsportart oder Reitweise zuvor je gekannt hat. Während der übrige Pferdehandel in der Entwicklung stagniert, werden Jahr für Jahr mehr Westernpferde eingeführt und gezüchtet. Die Mitgliederzahlen von Westernreitvereinigungen nehmen in nie gekanntem Tempo zu. Noch vor kurzem sehr populäre kleinere Springturniere locken heute kaum noch Besucher an, während an Westernturnieren die Tribünen überfüllt sind. Was vor zwei Dutzend Jahren so bescheiden angefangen hat, ist inzwischen zu einem populären Sport mit hohem reiterlichem Niveau geworden.

Man unterscheidet heute zehn eigentliche Westerndisziplinen; drei davon sind Prüfungen mit Rindern. Solche Prüfungen, vor allem das Cutting, sind in den USA sehr beliebt und verbreitet, stecken aber in Europa eher noch in den Kinderschuhen. Das liegt allerdings zu einem beträchtlichen Teil am Mangel an geeigneten Rindern oder Kälbern. Zu diesen zehn Disziplinen kommen noch das Barrel Race (Tonnenrennen) und das Pole Bending (Slalomrennen), beides Geschwindigkeitsprüfungen, die eigentlich nicht ganz der Philosophie des Westernreitens entsprechen. Zudem gibt es über ein halbes Dutzend Reitspiele, die in Amerika sehr populär sind und zum Teil in Westernturnieren integriert werden, zum Teil auch als selbständige Gymkhana-Turniere organisiert werden. Leider werden diese Spiele in Europa viel zu wenig ernst genommen, obschon sie die reiterlichen Fähigkeiten, die Geschicklichkeit und die Harmonie von Reitern und Pferden fördern und jedes Turnier auflockern.

Beim Barrel Race kommt es auf Tempo und Wendigkeit an. In den Staaten wird diese Disziplin fast ausschließlich von Frauen bestritten.

Natürlich gibt es in Amerika schon seit langem festgelegte Regeln, an die sich Turnierteilnehmer, Organisatoren und Richter zu halten haben. Die amerikanischen Regeln sind im europäischen Westernsport weitgehend übernommen worden. Sehr streng sind die Vorschriften zur Ausrüstung. Vieles im konventionellen Sport Übliche, zum Beispiel Sperrhalfter, Martingal, Doppelzäumungen, Sporen ohne Rädchen usw., ist unter Westernreitern verpönt und bei Westernturnieren verboten.

Reining

Man nennt das Reining auch die Königsdisziplin. Um eine solche Prüfung wirklich gut zu absolvieren, braucht es ein besonders geeignetes und bestens ausgebildetes Pferd sowie einen sensiblen, versierten Reiter.

Reining ist eine Dressurdisziplin im Lope (Galopp), bei der das Pferd seine Rittigkeit zu beweisen hat. Auf Schnelligkeit, Wendigkeit und Exaktheit bei der Ausführung der vorgeschriebenen Manöver wird großer Wert gelegt.

Weite, schnell gerittene Zirkel wechseln mit kleinen Kreisen in langsamem Galopp. Die Hilfen zur Kontrolle der verschiedenen Geschwindigkeiten (Speedcontrol) sollen möglichst wenig sichtbar sein. Mehrere fliegende Galoppwechsel an genau vorgeschriebenen Punkten werden ebenfalls verlangt.

Weitere wichtige Elemente sind die Spins. Das sind sehr schnelle Umdrehungen um die Hinterhand. Das Pferd soll dabei mit dem inneren Hinterfuß am Ort stehen bleiben und mit den Vorderbeinen sehr schnell gehen und überkreuzen, ohne dabei ins Hüpfen oder Springen zu kommen Bei manchen Patterns (vorgegebenen Mustern oder Schemas der Aufgabe) sind vier Spins hintereinander vorgeschrieben. Wer das schon einmal im Sattel miterlebt hat, versteht sehr gut, daß sich dabei gelegentlich ein Reiter verzählt und fünf Spins hinlegt; dies führt, ebenso wie jeder andere Pattern-Fehler, zum Wettkampfausschluß.

Jean-Claude Dysli demonstriert einen perfekten Sliding Stop. Die Hinterfüße sind während der gleitenden Phase weit unter dem Körper, die Vorderbeine gehen weiter bis zum vollen Anhalten, die Zügel sind lose, der Kopf des Pferdes ist weder zu tief noch zu hoch. Dieses spektakulärste Manöver im Reining ist gleichzeitig das schwierigste.

Die spektakulärsten Manöver sind die Sliding Stops. Das Pferd muß aus vollem Galopp sehr schnell zum Anhalten gebracht werden. Es duckt sich dabei mit der Hinterhand, als wolle es sich hinsetzen, und gleitet mit den blockierten Hinterfüßen durch den Sand, während es die Vorderbeine bis zum Stillstand weiterbewegt. Reining-Pferde haben für dieses Manöver spezielle, völlig glatte Eisen. Sehr wichtig für einen guten Sliding Stop ist die Beschaffenheit des Bodens. Feiner, höchstens zehn Zentimeter tiefer Sand auf einer festen Unterlage ist dabei ideal. Hier kann ein guter Reiner eine etliche Meter lange Gleitspur hinterlassen – und erntet damit die Begeisterung des Publikums. Ein guter Stop wird am losen Zügel ausgeführt. Und ein wirklicher Spitzen-Reiner kann das Manöver auch ganz ohne Zaumzeug ausführen. Der Kopf darf nicht hochgerissen, der Rücken nicht durchgedrückt werden, und wenn dann auch noch das Pferd wegen zu starker Zügeleinwirkung oder aus Angst davor das Maul aufreißt, gibt das hohe Strafpunkte.

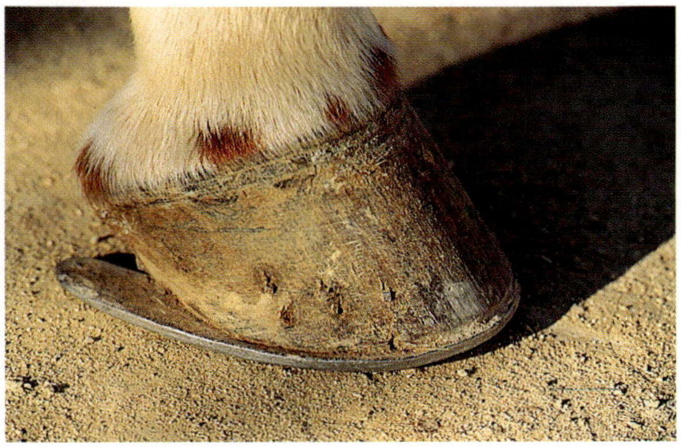

Um mit den Hinterfüßen über mehrere Meter durch den Sand gleiten zu können, werden spezielle glatte Eisen auf die Hinterhufe genagelt.

Zu den Stops gehören die Roll Backs, bei denen die Wendigkeit unter Beweis gestellt wird. Aus dem Stop heraus wird das Pferd schnell um 180 Grad gewendet, und aus der Wendung heraus galoppiert es in der Gegenrichtung weiter.

Nach einem der Stops, oft nach dem letzten, wird das Pferd rückwärts gerichtet. Gute Reining-Pferde gehen dabei nicht, sondern laufen mit ganz beachtlicher Geschwindigkeit rückwärts.

Am Ende des Rittes begibt sich das Paar zum Richter, um kontrollieren zu lassen, daß kein unerlaubtes Gebiß verwendet wurde.

Für Einsteiger gibt es drei, für Fortgeschrittene sechs verschiedene Reining Patterns. Neben diesen Prüfungen, die exakt nach Schema geritten werden müssen, gibt es noch das Freestyle Reining. Man kann das mit der Kür beim Eiskunstlauf vergleichen. Der Reiter wählt eine Musik und übt mit dem Pferd eine dazu passende Nummer ein. Er hat so die Möglichkeit, die athletischen Fähigkeiten seines Pferdes durch eine geschickte Choreographie auf eine eindrucksvolle Weise zu präsentieren. Nach den Regeln der NRHA (National Reining Horse Association) darf die Vorführung nicht länger als dreieinhalb Minuten dauern und muß folgende Manöver enthalten: vier Spins nach rechts, vier nach links, mindestens drei Sliding Stops und einmal mindestens zehn Schritte Rückwärtsrichten. Weiter werden je ein Roll Back und je ein Galoppwechsel nach rechts und links sowie deutliche Tempowechsel in den Galoppzirkeln verlangt. Für Deutschland und die Schweiz hat man diese Regeln etwas abgeändert: Dauer höchstens vier Minuten, zwei Stops, je ein Galoppwechsel und je drei Spins nach jeder Seite. Es darf ein Kostüm getragen werden, das die Musik vorteilhaft unterstreicht.

Es gibt zwei Scores (Bewertungen): eine für die technischen Ausführungen der vorgeschriebenen und freiwilligen Manöver und eine für den künstlerischen Ausdruck. Die Punkte aus beiden Scores werden zusammengezählt. In den Staaten benützt man gelegentlich auch Applausmesser, deren Werte in Punkte umgewandelt und ins Gesamt-Score gefügt werden.

Jedes Reining wird von jedem Reiter einzeln geritten. Das Wort Reining *(to rein a horse)* bedeutet, daß das Pferd sauber geführt werden muß, daß alle seine Bewegungen mit minimalsten Hilfen kontrolliert werden. Jede unkontrollierte, vom Pferd selbständig ausgeführte und vom Pattern abweichende Bewegung wird, je nach Stärke der Abweichung, mit Fehlerpunkten bestraft. Feinheit und Weichheit der Führung, Haltung, zügige und überlegene Ausführung der verschiedenen Lektionen unter Einhaltung der kontrollierten Geschwindigkeiten werden positiv bewertet. Zur Disqualifikation führen unter anderem Mißhandlung des Pferdes, Einsatz verbotener Ausrüstungsteile, Einsatz der Zügel als Peitsche, Verweigerung der Gebißkontrolle und unanständiges Verhalten des Reiters. Am Start hat der Reiter siebzig Punkte auf seinem Konto. Von diesen werden durch Fehler entstehende Punkte abgezogen. Besonders gut ausgeführte Manöver werden mit Pluspunkten belohnt.

Bestimmte Quarter-Horse-Linien eignen sich besonders gut als Reining Horses, andere bringen hervorragende Cutting Horses hervor. Diese spezifischen Qualitäten werden gezielt und getrennt gezüchtet, und in der Regel wird man einen Reiner nicht mit einem Cutter verpaaren. Natürlich gibt es daneben auch die Allround Horses mit vielseitiger Begabung. Der Unterschied besteht darin, daß manche Pferde leicht auf reiterliche Hilfen eingehen, sich gut und willig führen lassen. Das ergibt gute Reining Horses. Das Cutting Horse auf der anderen Seite ist von Natur aus selbständiger, denn es muß einen großen Teil seiner Arbeit selbst erledigen. Wenn es einen Fehler macht, muß dieser natürlich korrigiert werden, aber danach gibt man das Pferd sofort wieder frei, damit es seinen Job machen kann. Ein Reining Horse hingegen hat nur das zu tun, was man ihm sagt.

Hier sind die sechs verschiedene Reining Patterns (Schemas) dargestellt. Welches Pattern geritten werden muß, wird in der Ausschreibung bekannt gegeben. Die ganze Prüfung im zügigen Galopp zu absolvieren, ohne sich zu verreiten, ist nicht einfach. Selbst alten Routiniers passieren Pattern-Fehler, und dies bedeutet Disqualifikation. Der Reiner erkennt aus den Schemas die Figuren, die er reiten muß, wo Spins, Sliding Stops, Galoppwechsel und Rückwärtsrichten vorgesehen sind.

Weitere schwierige Manöver sind die Spins. Das Pferd dreht sich mehrmals sehr schnell auf der Hinterhand um 360 Grad, wobei die Vorderfüße übertreten und der innere Hinterfuß an Ort und Stelle bleiben sollte.

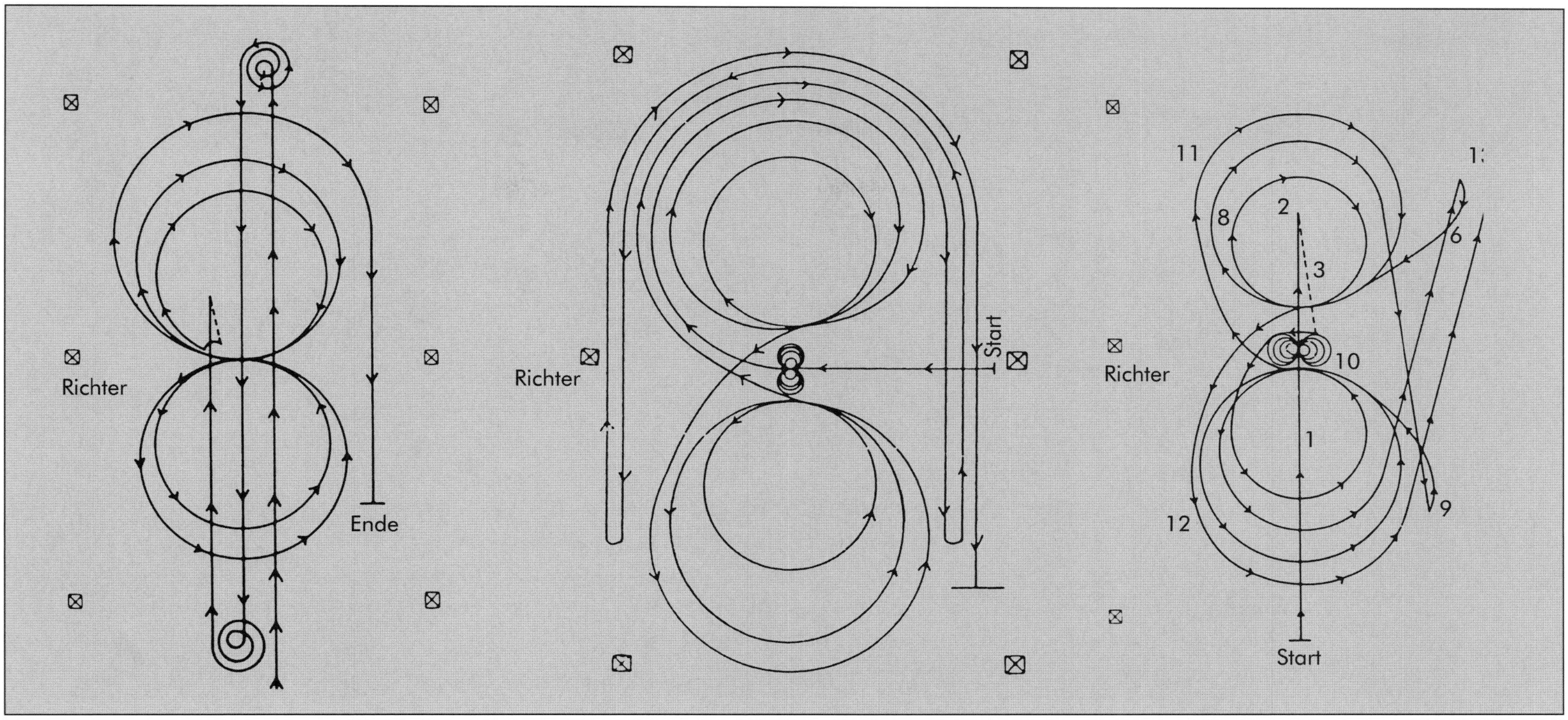

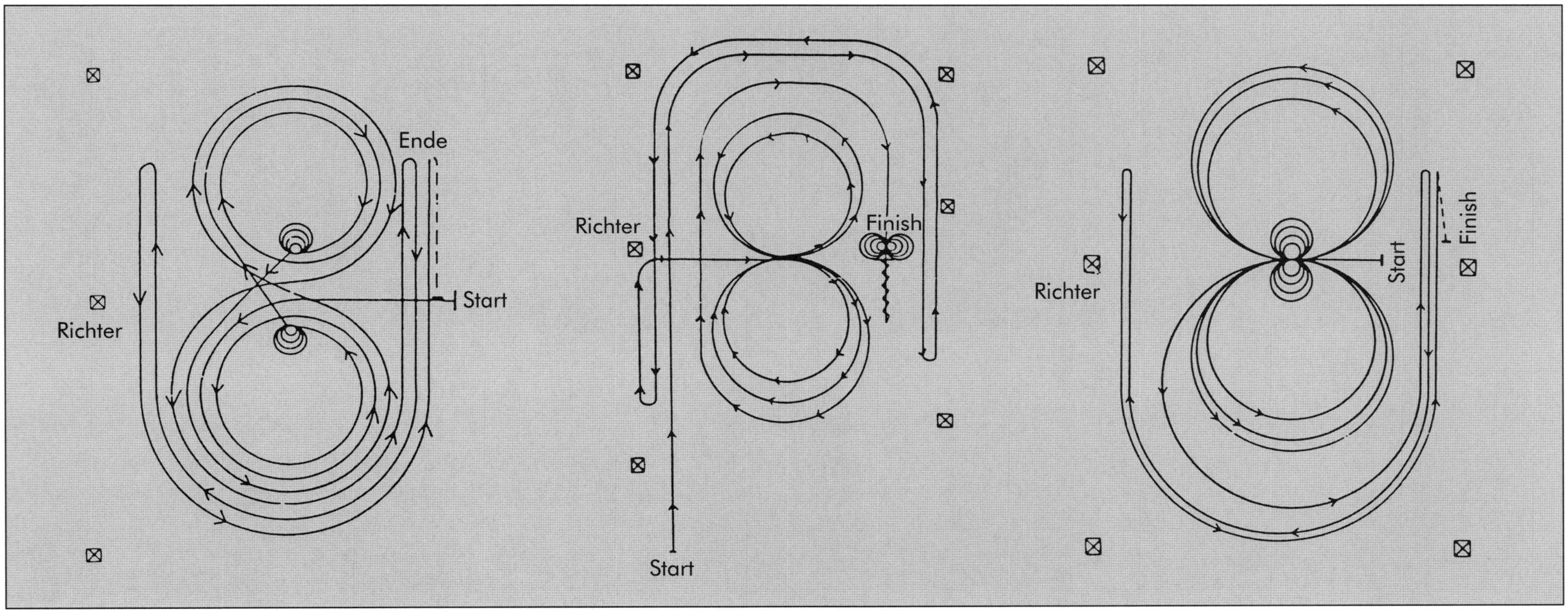

Jede selbständige Aktion führt unweigerlich zu Fehlern. Die unterschiedlichen Patterns erlauben nicht, daß man dem Pferd ein bestimmtes Pattern einbläuen kann und es dieses dann auf Abruf nahezu automatisch absolviert. Ein gutes Reining Horse tut das von ihm Verlangte so lange, bis das Signal für eine neue Aufgabe kommt. Man kann es zum Beispiel auf einen großen, schnellen Zirkel einstellen, und es wird Dutzende von Zirkeln galoppieren. Natürlich braucht es dazu ein langes und sehr fachmännisches Training, aber die beste Schulung nützt wenig, wenn nicht auch die angeborene Veranlagung vorhanden ist.

Ein kompakter, athletischer Körperbau ist Voraussetzung für einen guten Reiner, aber noch wichtiger ist die psychische Anlage, seine Willigkeit und Leistungsbereitschaft. Ein guter Trainer spürt schon sehr bald, wie leicht ein Pferd nachgibt. Er fühlt, ob ein Pferd die Hilfen nicht annehmen will oder ob es gewisse Manöver nicht ausführen kann, weil es dafür noch zu steif ist.

Mit einem unwilligen Pferd wird man das Leben lang Kämpfe austragen. Ein steifes, junges Pferd hingegen braucht nur die richtige Gymnastizierung, um weich und biegsam zu werden.

Zwei Pattern des Western Riding: gepunktete Linien bedeuten Walk (Schritt), unterbrochene Linien Jog (Trab), ausgezogene Linien Lope (Galopp), gewellte Linien Rückwärtsrichten, und bei den schwarzen Blöcken sollten die fliegenden Galoppwechsel stattfinden.

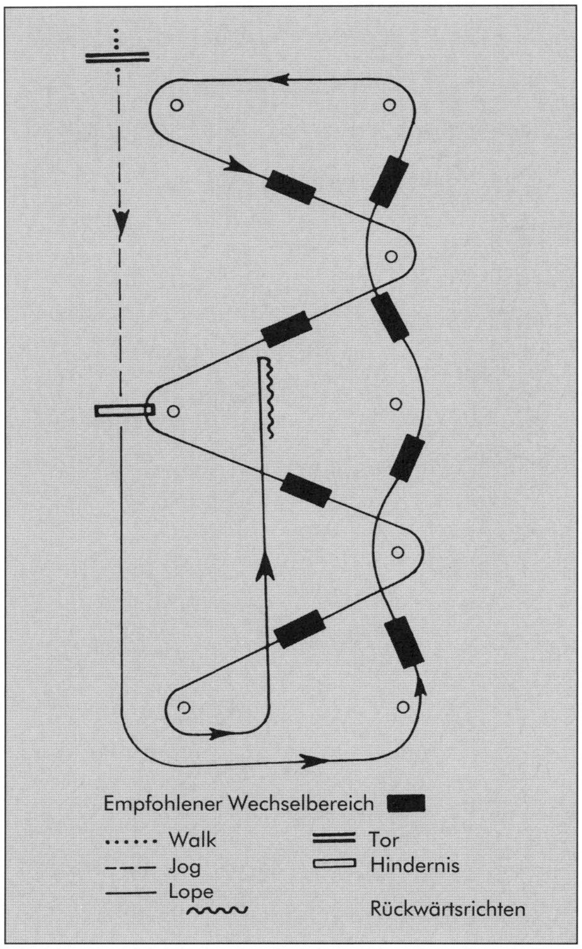

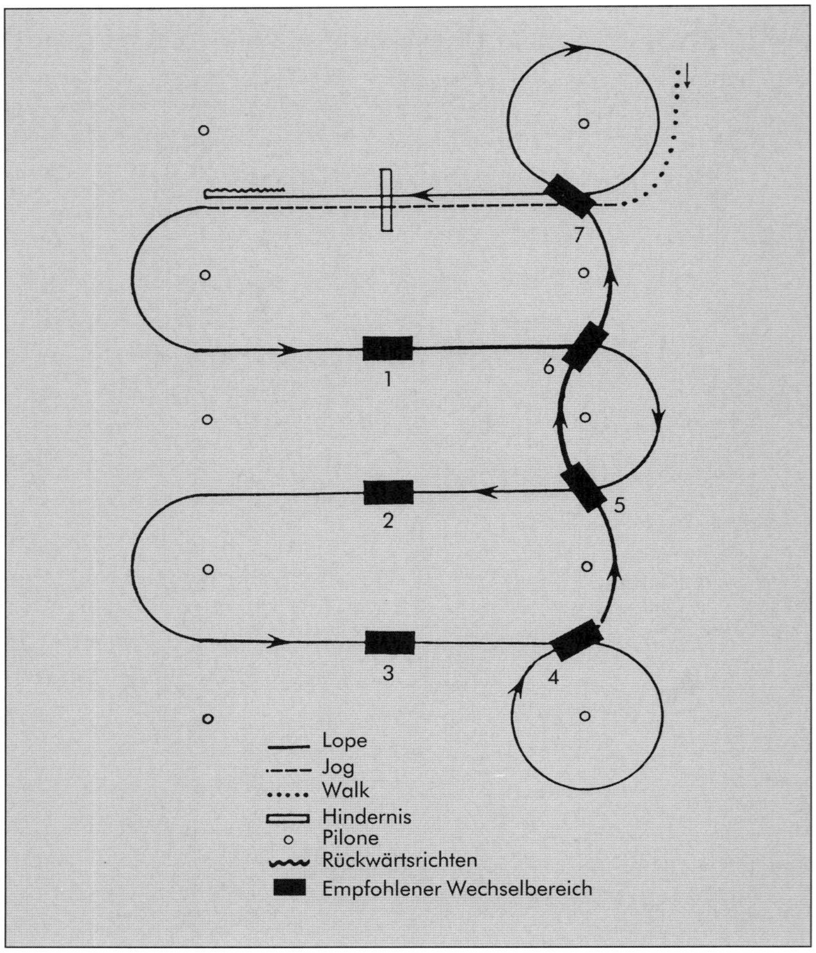

Western Riding

Elemente aus dem Reining und dem Trail sind in der Disziplin Western Riding vereinigt. Im Prinzip ist ein gutes Western Riding Horse ein Pferd, das sich hervorragend als Freizeit- und Geländepferd eignet, weil es vielseitig und sorgfältig ausgebildet, gelassen, geschickt sowie selbstsicher ist und sich mit feinsten Hilfen führen läßt. Zu Beginn der Prüfung muß der Reiter ein Tor öffnen, dieses durchreiten und schließen, ohne die Zügelhand zu wechseln und ohne das Tor loszulassen. Im Parcours liegt eine Stange, über die mindestens einmal galoppiert werden muß, ohne daß es dabei zu einem verlängerten Galoppsprung kommt. Um aufgestellte Pilonen müssen Schlangenlinien geritten werden, dabei sind – je nach Pattern – sieben oder acht möglichst genaue Galoppwechsel vorgeschrieben. Am Schluß steht ein Stop mit anschließendem Rückwärtsrichten um mindestens drei Meter.

Wie im Reining bringt der Reiter siebzig Punkte mit in die Prüfung. Für sanfte, taktreine Gänge und ein gleichbleibendes Galopptempo während der ganzen Prüfung, für weiche, korrekte und präzise Galoppwechsel gibt es Pluspunkte. Fehlerpunkte werden vergeben, wenn das Paar das Tor nicht korrekt passiert, wenn der Reiter die freie Hand zur Beeinflussung des Pferdes braucht, wenn der Galopp im Wechsel unterbrochen wird oder die Wechsel unkorrekt oder am falschen Ort ausgeführt werden, wenn das Pferd selbständig wechselt oder sonstige Manöver ausführt, wenn die Bodenstangen oder Pilonen berührt werden, wenn das Pferd stolpert oder übermäßig mit dem Kopf schlägt und das Maul aufreißt, oder wenn der Reiter unnötige Hilfen gibt. Bei einem unvollständigen oder in falscher Reihenfolge durchgeführten Ritt oder beim Umwerfen von Pilonen wird das Paar disqualifiziert.

Das Öffnen, Durchreiten und Schließen eines Tores, ohne die Zügelhand zu wechseln und ohne das Tor loszulassen, ist eine immer wiederkehrende Aufgabe bei der Trail-Prüfung.

Eine beliebte Trail-Aufgabe ist das Überqueren der Wippe, wozu ein Pferd mit viel Übung, Gelassenheit und Vertrauen benötigt wird.

Rückwärtsrichten durch eine U-förmige Stangenfigur, eine weitere typische Trail-Aufgabe. Geschicklichkeit und feinstes Reagieren auf die Hilfen werden hier vorausgesetzt. Schon das leiseste Antippen der Stangen gibt Abzüge.

Trail

Der Trail ist eine Prüfung in einem Parcours mit Hindernissen, die auch im freien Gelände anzutreffen sind. Der Grundgedanke dabei ist, ein gehorsames, geschicktes, mit verschiedensten Situationen vertrautes, gelassenes und damit sicheres Pferd zu erhalten.

Beim Western Trail geht es nicht um die gemessene Zeit. Es kommt nur darauf an, daß Pferd und Reiter die gestellten Aufgaben willig, sauber und ruhig bewältigen.

Zu den Pflichthindernissen gehört ein Tor, das wie im Western Riding ohne Zügelhandwechsel geöffnet, durchritten und wieder geschlossen wird. Mindestens vier Stangen müssen dabei überritten werden; zudem ist ein Hindernis zum Rückwärtsrichten vorgeschrieben, zum Beispiel zwischen L-förmig gelegten Stangen oder durch einen enggestellten Slalom. Neben den drei Pflichthindernissen gibt es zahlreiche Hindernisse, unter denen der Parcoursbauer drei wählen kann. Zu den Wahlhindernissen gehört fast immer eine schmale Brükke oder eine Wippe. Man kann sich leicht vorstellen, daß es einige Übung braucht, bis ein

Im Pleasure muß das Pferd völlig gelöst, locker und weich in allen drei Gangarten auf beiden Seiten vorgeführt werden. Es hat am losen Zügel in gleichmäßig ruhigem Tempo zu gehen, und die Hilfen sollen praktisch unsichtbar bleiben. Daß dies auch mit einem Vollblutaraber möglich ist, zeigt hier Monika mit ihrem «Lato».

Pferd völlig gelassen über ein abkippendes Brett spaziert. Weitere Wahlhindernisse sind ein Wassergraben oder Bach, die nicht übersprungen, sondern durchwatet werden, ein enges Stangenquadrat, in welchem das Pferd eine 360-Grad-Wendung durchführt, wenn möglich ohne die Stangen zu berühren, oder nach einem bestimmten Schema hingelegte Stangen, über die das Pferd seitwärts gerichtet werden muß. Gelegentlich ist auch ein Ground Tying vorgeschrieben: Der Reiter steigt vom Pferd, läßt einen oder beide Zügel zu Boden hängen und entfernt sich, wobei das Pferd absolut ruhig stehen bleiben muß. Jeder dennoch gemachte Schritt führt zu Abzügen. Das Transportieren oder Ziehen eines Gegenstandes, der auf einem Geländeritt vorkommen kann, gehört zu den weiteren Aufgabenstellungen. Es werden zudem verschiedene Gangarten an vorgeschriebenen Punkten verlangt. Neben den begangenen Fehlern wird auch der Stil des Pferdes beurteilt, seine Aufmerksamkeit und sein Gehorsam auf minimale Hilfen.

Western Pleasure

Das Wort Pleasure sagt es schon: ein solches Pferd zu reiten, soll ein Vergnügen sein. Im Prinzip ist es eine sehr einfach scheinende Prüfung, die keine große reiterliche Leistung erfordert, sondern bei der vor allem die Rittigkeit des Pferdes in den verschiedenen Gangarten begutachtet wird. Sie stellt aber an den Richter hohe Anforderungen.

Die Pleasure-Prüfung wird in der Gruppe geritten. Auf Kommando reiten alle gemeinsam in Schritt, Trab und Galopp (Walk, Jog und Lope) auf rechte und auf linke Hand. Das Pferd muß am losen Zügel und mit geringsten Hilfen vorgestellt werden. Das gute Pleasure Horse geht absolut ruhig, gleichmäßig und willig, hat angenehme weiche Gänge und ist für den Reiter bequem im Sitz, auch wenn verstärkter Trab oder Galopp verlangt wird. Es soll sich auch sehr leicht rückwärts richten lassen und stillstehen können.

Superhorse ist die Western-Vielseitigkeitsprüfung. Auf der Aufnahme ist die Schweizerin Marie-Therese Bretscher auf ihrem bildschönen und ausgezeichneten Quarter-Horse-Hengst «Continental Paco» zu sehen.

Die zeichnerische Darstellung zeigt das anspruchsvolle Pattern des Superhorse mit Tor, Stangen-L zum Rückwärts-Durchreiten, Stangen zum Überspringen, fliegenden Galoppwechseln, schnellen und langsamen Zirkeln, Spins und Sliding Stops.

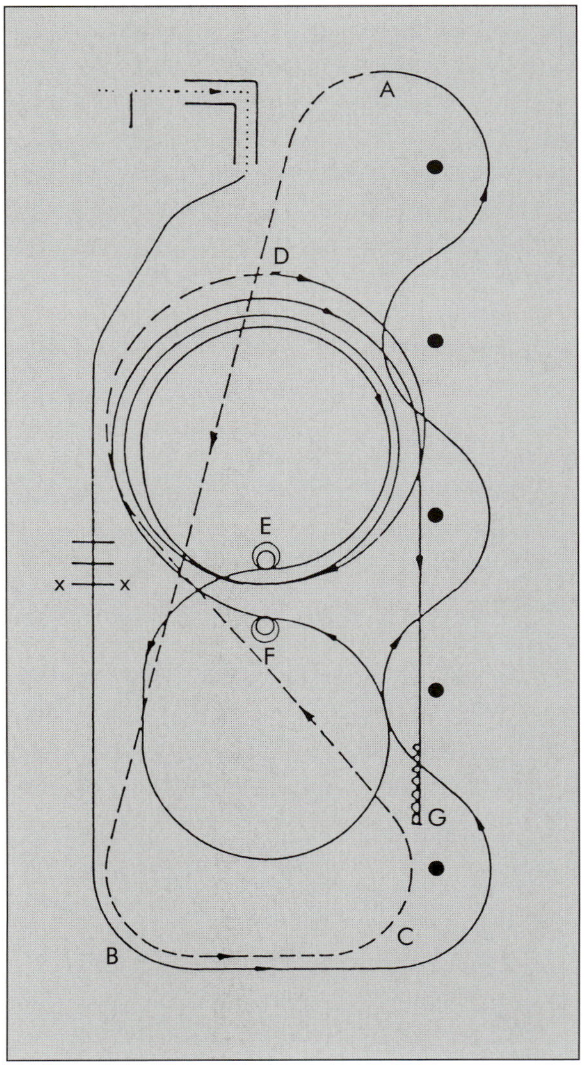

Superhorse

Superhorse ist eine Vielseitigkeitsprüfung, die aber keineswegs mit jener in der europäischen Reiterei oder mit Military verglichen werden kann. Ursprünglich hatte der Superhorse-Reiter einen Trail, ein Reining, ein Western Riding und ein Pole Bending zu bestreiten, und aus allen vier Prüfungen wurden dann die Punktzahlen zusammengefaßt. Heute ist Superhorse eine Prüfung, die Elemente aus Trail, Western Riding, Reining und Western Pleasure enthält. Die Prüfung, zu der Pferde erst ab fünf Jahren zugelassen sind, ist sehr anspruchsvoll und erfordert vielseitig talentierte und trainierte Reiter und Pferde. An den meisten Turnieren ist die Zahl der Teilnehmer an den Superhorse-Prüfungen entsprechend klein.

Western Horsemanship

Im Gegensatz zum Pleasure wird hier nicht das Pferd, sondern der Reiter geprüft. Er soll seine Fähigkeit, das Pferd kontrolliert zu reiten, unter Beweis stellen. Korrekter Sitz und das Geben von sauberen Hilfen werden bewertet. Der Richter stellt eine Einzelaufgabe, die er mindestens eine Stunde vor Prüfungsbeginn am Anschlagbrett zu veröffentlichen hat.

Nach der Einzelprüfung, die achtzig Prozent der Punktewertung ausmacht, verteilen sich die Teilnehmer rund um die Bahn und reiten auf Kommando links- und rechtsherum in Schritt, Trab und Galopp, wie bei einer Pleasure-Prüfung, mit dem Unterschied, daß hier eben die Qualitäten des Reiters bewertet werden.

Showmanship at Halter

Showmanship at Halter heißt die Westerndisziplin, bei der es um etwas ganz anderes geht. Bewertet wird ausschließlich der Mensch, der «Showman». Das Pferd ist nur das Objekt, an dem der Vorführer seine Fähigkeiten zeigen soll. In Europa gibt es diese Prüfung nur für Jugendliche.

Das Ganze sieht recht einfach aus, mindestens für den Laien. In Wirklichkeit wird sie von den meisten Jugendlichen als eine der schwierigsten Disziplinen eingestuft. Und es ist tatsächlich eine ganz andere Sache, ein Pferd nicht vom Sattel her, sondern vom Boden aus dazu zu bringen, die verschiedensten Manöver, wie Vor- und Rückwärtsgehen usw., sauber auszuführen.

Working Cowhorse: Die Hauptaufgabe in dieser Prüfung besteht darin, ein Rind nach einem vorgeschriebenen Muster zu treiben. Dabei zeigt es sich, ob das Pferd den erwarteten Cow Sense – die angeborene Gabe zur Vieharbeit – mitbringt.

Der erste Teil der Working-Cowhorse-Prüfung ist eine Reining-Aufgabe. Eines der drei hier dargestellten Reining Patterns muß geritten werden.

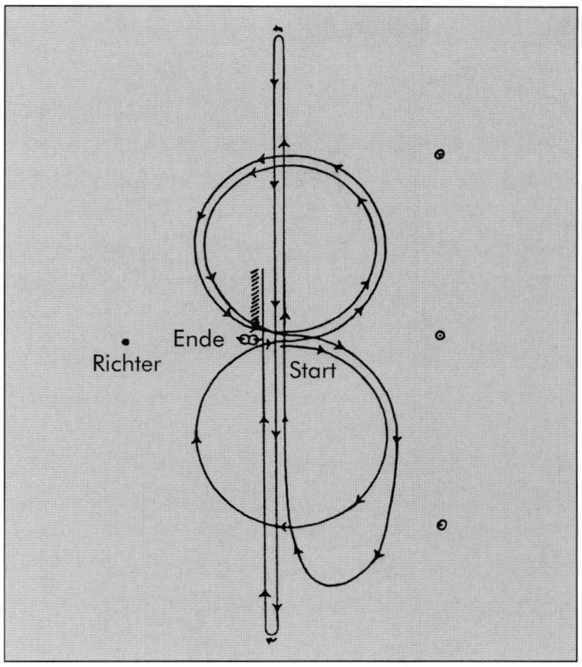

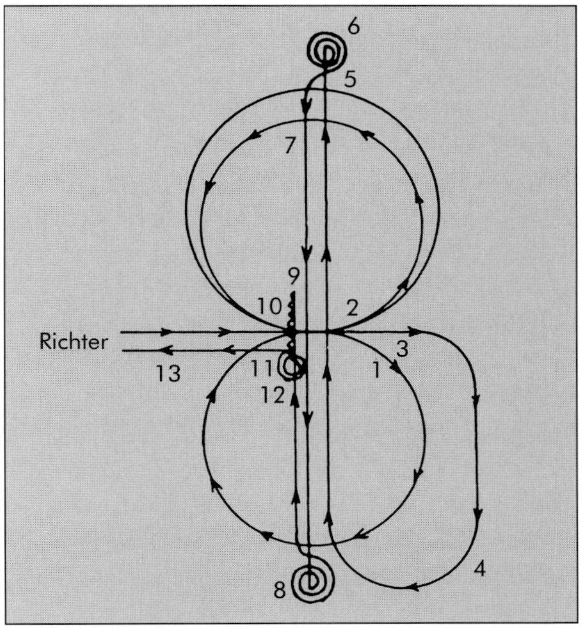

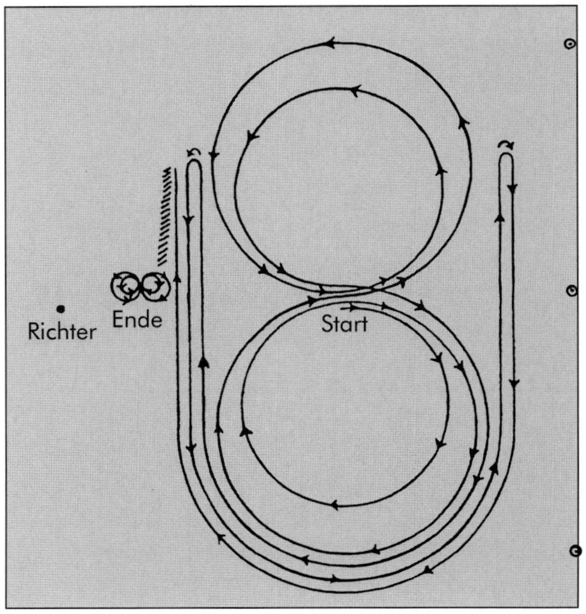

Working Cowhorse

Die ursprünglichsten Disziplinen im Westernreiten, die Prüfungen, die der Cowboyarbeit am nächsten stehen, sind die Rinderklassen. Leider fehlen sie in Europa noch immer an den meisten Turnieren, was sicher zum Teil auf den Mangel an geeigneten Rindern zurückzuführen ist. Vermutlich werden diese Prüfungen hier nie die Popularität erreichen wie in den USA und in Kanada, wo heute zum Beispiel das Cutting zu den höchstdotierten Sportarten überhaupt gehört und wo gute Cutting Horses astronomische Summen kosten. Immerhin ist das Interesse am Wachsen: immer mehr Westernreiter liebäugeln mit diesen Disziplinen, und immer öfter werden Prüfungen ausgeschrieben.

Working Cowhorse besteht aus zwei Prüfungsteilen. Der erste Teil, Dry Work, ist ein Reining nach einem der drei hier abgebildeten Patterns, selbstverständlich ohne Rind. Dazu gehören – wie in jedem Reining – Spins, Sliding Stops und fliegende Galoppwechsel. Der zweite Teil nennt sich Fence Work. Hier muß der Reiter ein Rind mehrmals an der kurzen Seite der Bahn hin- und hertreiben, so daß der Richter feststellen kann, ob das Pferd Cow Sense (angeborenen Instinkt für die Rinderarbeit) besitzt. Danach treibt der Reiter das Rind der langen Seite der Bahn entlang und muß es mindestens zweimal gegen die Wand stoppen und wenden. Schließlich führt er das Rind in die Bahnmitte und treibt es dort zu einem Links- und einem Rechtszirkel. Für diese ganze Arbeit stehen zwei Minuten zur Verfügung. Schwerpunkt bei der Bewertung ist die Frage, ob der Reiter das Rind mit dem Pferd jederzeit kontrollieren kann, ob letzteres Cow Sense an den Tag legt und imstande ist, seine Arbeit unter geringem Sporen- und Zügeleinsatz zu verrichten. Bei unkontrolliertem Treiben des Rindes muß der Richter sofort einschreiten und den Abbruch verfügen.

Team Penning

Eine weitere, leider in Europa noch seltener durchgeführte Rinderdisziplin ist das Team Penning. Ein Team von drei Reitern muß aus einer Herde drei Rinder herausholen, diese zum anderen Ende der Arena treiben und dort in einen fünf mal fünf Meter großen Verschlag bringen. Das klingt eigentlich recht einfach, aber es sind noch einige Tücken eingebaut. Die Rinderherde sollte wenn möglich aus mindestens 21 Tieren bestehen. Je drei davon tragen dieselbe Nummer oder eine Farbmarkierung. Für jedes Team wird eine Nummer oder Farbe ausgelost. Und die ganze Aufgabe ist in zweieinhalb Minuten zu bewältigen.

Vor dem Start stehen die drei Teilnehmer am Ende der Bahn, an dem der Verschlag postiert ist. Nach dem Startzeichen galoppieren die Reiter über die Startlinie, halten aber früh genug an, um die Rinder nicht zu verwirren. Alle Reiter dürfen in die Herde, um die zugeordneten Rinder auszusondern, aber in der Regel reitet nur einer zwischen die Tiere, holt eines nach dem anderen der entsprechenden Gruppe heraus, und die herausgefangenen Rinder werden von den anderen zwei Reitern von der Herde ferngehalten, bis alle drei beisammen sind. Nun bringt das Team seinen Fang zum anderen Ende der Arena. Dabei kann es vorkommen, daß weitere Rinder hinterherkommen. Passieren mehr als vier Rinder die Mittellinie, bedeutet dies das Aus.

Jetzt müssen die Rinder in den Verschlag gebracht werden. Das Tor befindet sich auf der Rückseite, was die Aufgabe auch nicht vereinfacht. Zum Treiben dürfen die Rinder weder mit den Händen noch mit Ropes, Romals, Hüten oder anderen Gegenständen berührt werden, nur die Zügel darf man schwingen und mit den Händen gegen die Chaps klatschen.

Die Zeit wird gestoppt, wenn ein Reiter im Tor des Verschlags steht und eine Hand hebt oder wenn die Zeitlimite erreicht ist. Das Team kann verlangen, daß die Zeit gestoppt wird, auch wenn erst ein oder zwei Rinder im Verschlag stehen, um auf eine möglichst kurze Zeit zu kommen. Allerdings wird jedes Team mit drei Rindern höher bewertet als eines mit zwei, und jedes mit zwei höher als eines mit einem Rind, ohne Rücksicht auf die benötigte Zeit. Geht ein Reiter grob mit einem Pferd oder Rind um, wird das ganze Team disqualifiziert.

Cutting

Jesse Foutch aus Aubrey, Texas, mit Pferd und Rind beim Cutting und in voller Aktion. Diese Bilderserie zeigt schön, wie das Rind versucht, am Pferd vorbei zu seinen Artgenossen zu gelangen, und wie ihm das Pferd in schnellen Manövern den Weg abschneidet. Das Pferd arbeitet dabei so selbständig wie ein Hirtenhund. Sein Reiter versucht nur, die jähen Seitwärtsbewegungen vorauszuahnen und sich auf dem Pferd zu halten.

Man muß einmal auf einem Cutting Horse gesessen haben, um zu verstehen, welche Faszination von dieser Disziplin ausgeht. Bei keiner anderen Form der Reiterei kann man die Kraft, die Wendigkeit, die blitzartige Reaktionsfähigkeit und die Eigenschaft zur selbständigen Arbeit so deutlich spüren. Für die meisten, die es einmal versucht haben, ist und bleibt Cutting das größte.

Cutting heißt schneiden und bedeutet, daß dem Rind der Weg abgeschnitten wird. Eine kleine Herde Rinder wird in die Bahn gebracht, und der Reiter muß mit dem Pferd eines davon herausholen. Ein absolut ruhiges Vorgehen ist dabei unerläßlich, denn schon eine hastige Bewegung kann die Rinder auseinanderspritzen lassen; sie wieder zu beruhigen, kostet wertvolle Zeit. Ein guter Cutter kennt sich mit Rindern aus. Er holt nicht ein träges, sondern ein hellwaches Rind aus der Herde, denn dieses sorgt für mehr Action und stellt mehr Punkte in Aussicht. Sobald das Rind einige Meter von der Herde entfernt ist, senkt der Reiter die Zügelhand, und damit beginnt die selbständige Arbeit des Pferdes. Mit der anderen Hand darf sich der Reiter am Sattelhorn festhalten – allzuleicht könnte er sonst bei den jähen Seitwärtsbewegungen aus dem Sattel geworfen werden. Das Rind hat den unwiderstehlichen Drang, zur Herde zurückzukehren und versucht immer wieder, links oder rechts am Pferd vorbeizuhuschen. Das Pferd lauert tief geduckt auf jede Aktion des Rindes und versucht, diese durch blitzschnelle Reaktion abzufangen.

In der Bahn befinden sich noch vier Helfer. Die zwei Turnbackmen stehen in der Mitte der Arena und treiben dem Cutter das Rind wieder zu, falls es sich weiter von der Herde entfernen will. Die zwei Cornermen stehen rechts und links von der Herde und haben die Aufgabe, die Tiere beisammen zu halten. Der Cutter sucht sich diese vier Leute unter den wartenden Konkurrenten aus, und für die Auserkorenen ist es Ehrensache, die Arbeit des Cutter nach bestem Können zu unterstützen.

Barrel Race oder Tonnenrennen: schwer zu glauben, daß die Pferde in den engen Wendungen kaum einmal stürzen. Das Rennen geht, wie auf den Schemas zu sehen ist, um drei im Dreieck aufgestellte Tonnen.

Barrel Race

Das Barrel Race oder Tonnenrennen ist eine Geschwindigkeitsprüfung. Drei Tonnen werden in vorgeschriebenen Abständen im Dreieck aufgestellt. Ist in der vorhandenen Bahn zu wenig Platz vorhanden, dürfen die Abstände um je fünf Meter verkürzt werden, bis die Fässer ohne Probleme umrundet werden können.

Nach einem fliegenden Start reitet der Teilnehmer in einer kleeblattförmigen Bahn, wie auf den abgebildeten Schemas, um die Tonnen und zurück über die Start-Ziel-Linie. Die Tonnen dürfen von Pferd und Reiter berührt werden, aber eine umgeworfene Tonne bringt fünf Strafsekunden.

Das Pferd muß wendig und durchlässig sein, denn nur so kann es die Tonnen in ganz engen Kreisen umrunden und damit einiges an Zeit gewinnen.

Hinsichtlich der Frage, ob diese Disziplin sinnvoll ist, gehen die Meinungen auseinander. Im Prinzip entspricht ein Rennen nicht der

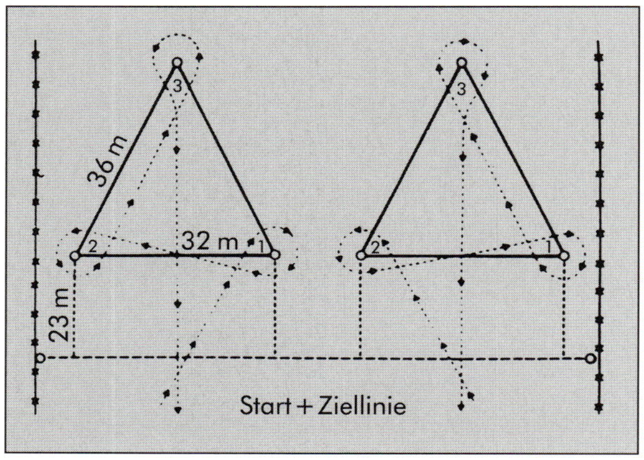

Philosophie des Westernreitens. Der gute Westernreiter will ein vielseitiges und stets leicht zu kontrollierendes Pferd. Ein Pferd, das auf Barrel Races trainiert wird, wird mit großer Wahrscheinlichkeit «heiß». Und damit ist es in gewissen Situationen nur noch schwer, von einem mäßigen Reiter vielleicht gar nicht mehr zu kontrollieren. Man kann Barrel Race Horses sehen, deren Sattel der Reiter vor dem Start kaum erklimmen kann, weil sie vor Temperament geradezu überschäumen. Das ist gewiß nicht im Sinne der Westernphilosophie.

Pole Bending ist ein Slalomrennen, für das ein wendiges, gut durchgerittenes Pferd gebraucht wird, das mühelos fliegende Galoppwechsel beherrscht, wenn man vorne mit dabei sein will. Wie der Parcours verläuft, ist auf den Schemas zu erkennen.

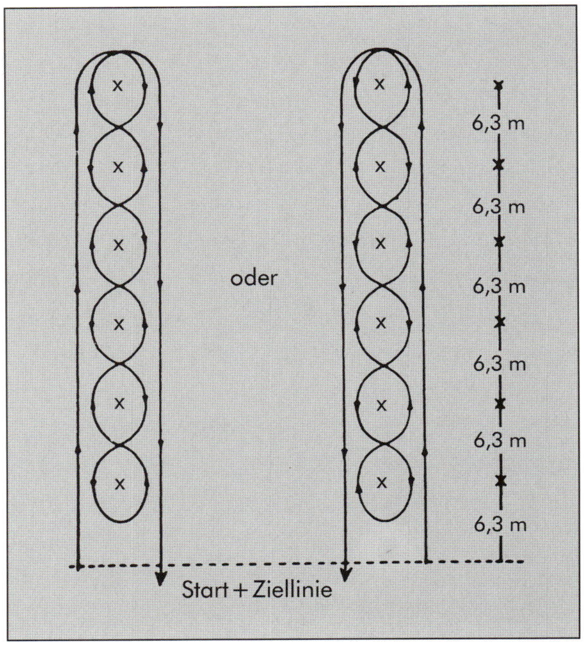

Pole Bending

Das Pole Bending ist ein Slalomrennen, bei dem sechs Stangen in gerader Linie in Abständen von 6,3 Metern aufgestellt werden. Nach dem fliegenden Start reitet der Teilnehmer mit Höchstgeschwindigkeit ans Ende der Bahn, legt dann den Slalom in beide Richtungen zurück und galoppiert wieder zurück zur Ziellinie. Das Umwerfen einer Stange wird mit fünf Strafsekunden bestraft. Auch hier ist ein sehr gut gerittenes Pferd gefragt, denn es muß immerhin zehn fliegende Galoppwechsel hinter sich bringen, wenn es Aussicht auf Erfolg haben will. Aber auch diese Disziplin kann man, wie das Barrel Race, als Pferdefreund nicht ohne Vorbehalte befürworten.

Freizeitreiten

In den letzten dreißig Jahren hat sich die europäische Reitszene gewaltig geändert. War früher das Reiten einer privilegierten Minderheit vorbehalten und wurde daher nicht ganz zu Unrecht als Herrensport bezeichnet, so machte es der wirtschaftliche Aufschwung einer breiten Schicht zugänglich. Gleichzeitig gab es immer mehr Menschen, die sich für den konventionellen Reitstil und die traditionelle Form der Pferdehaltung und des Umgangs mit Reitpferden nicht erwärmen konnten. Sensible Tierfreunde suchten nach neuen Möglichkeiten, dem Wesen und den Bedürfnissen des Pferdes besser gerecht zu werden. Viele wollten ihre Pferde nicht mehr in Einzelhaltung in eine bis zur Decke geschlossene oder vergitterte Box sperren oder gar in einem Stand anbinden. So begannen einzelne, die Tiere gruppenweise in Offenställen mit Auslauf zu halten, und stellten bald fest, daß ihre Pferde sehr viel ausgeglichener und viel weniger krankheitsanfällig waren und sind. Und was man zuerst nur den dickfelligen Nordponys zumutete, war für jede andere Pferderasse ebenso geeignet.

Auch der konventionelle Stil, der den militärischen Ursprung nicht verleugnen kann, stieß und stößt auf immer mehr Ablehnung. Es ist kein Wunder, daß sich immer mehr Freizeitreiter alternativen Reitweisen zuwenden, und es erstaunt nicht, daß gerade der Westernstil gegenwärtig einen einzigartigen Boom erfährt. Die ganze Philosophie, die hinter der Westernreiterei steckt, entspricht unserer Sehnsucht nach Freiheit, nach natürlicheren Lebensformen – und nach Romantik. Was gibt es großartigeres, als auszureiten, irgendwo ein Feuer zu machen, ein Stück Fleisch zu braten und einen Becher Wein zu trinken? Und wie froh sind wir da um ein Pferd, das sich sicher und gelassen in jeder Situation im Gelände bewegt und das gelernt hat, ruhig zu stehen, auch wenn die eingelegte Pause einmal etwas länger dauert.

Der Cowboy kann nur ein Pferd brauchen, das in jeder Situation zuverlässig mitarbeitet, das «funktioniert». Aus dieser Anforderung heraus sind der Westernreitstil, die entsprechenden Formen der Ausbildung und Erziehung, die dazugehörige Ausrüstung von Pferd und Reiter und nicht zuletzt der handliche, geländegängige, gelassene Schlag der Western Horses entstanden.

Monika und «Lato». Wir halten unsere Vollblutaraber seit Jahren im Offenstall. Sie werden nie zugedeckt und haben sich bisher auch noch nie erkältet. Die Araber entwickeln wie alle Pferde im Herbst einen dicken Winterpelz, und selbstverständlich gönnen wir ihnen im Winter eine Trainingspause: Wir reiten mit ihnen nur aus und sehen zu, daß sie bei der Rückkehr möglichst trocken sind.

WESTERN COOKING

Das Angebot in US-Schnellrestaurants dient nicht gerade dazu, einen vorteilhaften Eindruck von der Eßkultur der Amerikaner zu erhalten. Es gibt aber eine besondere Kochtradition im Westen, die hier weniger bekannt ist. Daß die Cowboyküche von jener Mexikos beeinflußt ist, gibt ihr einen speziellen Reiz. Hier sind einige Rezepte zum Ausprobieren:

1866 erfand ein gewisser Charles Goodnight den Chuck Waggon, vor den vier Pferde oder Maultiere gespannt wurden und der von nun an die großen Viehtriebe begleitete. Auf großen Ranches ist er heute noch dabei, wenn die Cowboys während Wochen mit dem Vieh in weit abgelegene Weidegebiete ziehen. Der Küchenwagen enthielt die Vorräte, früher vorwiegend Mehl, Bohnen und Pökelspeck, und alle Geräte, die der Koch zur Herstellung der Mahlzeiten brauchte. Dieser war meistens kein großer Künstler, aber er hatte auch kaum die Möglichkeiten für kulinarische Höhenflüge.

FRIED EGGS

Spiegeleier werden in ausgelassenem Speckfett gebraten, gesalzen und gehörig mit Chilipulver (nicht mit Pfeffer) gewürzt. Das schmeckt!

HUEVOS RANCHEROS

Darf es noch etwas mexikanischer sein? 150 g Maismehl, 1 TL Salz, 1/4 l Wasser zu einem Teig kneten. Daraus 8 bierdeckelgroße Fladen (Tortillas) formen, ohne Fett in einer Eisenpfanne leicht braun backen und auf die Seite stellen.

1 kleinere Zwiebel und 1 Knoblauchzehe hacken, in Öl glasig schmoren, 1/2 l Tomatensauce aus der Dose dazugeben, mit je 1 EL gemahlenem Koriander, gehackter Petersilie und Chilipulver und je 1/2 TL Salz und Pfeffer würzen, 15 Min. köcheln lassen.

Die Tortillas wieder in Öl erhitzen, auf jede Tortilla ein Spiegelei legen, auf jedes Ei ein Stück Avocadofleisch geben und alles mit der heißen Sauce übergießen. Das ergibt 8 Portionen.

BISCUITS

Keine Cowboymahlzeit ohne Biscuits! Das sind weiche, hellgebackene Brötchen, zu denen man in Texas Gravy (gebundene Bratensauce) serviert.

Weil es sich hier um Sauerteigbrötchen handelt, braucht es dazu einen

SAUERTEIG-STARTER

In Teigschüssel 1 Päckchen Trockenhefe in 1 l handwarmem Wasser verrühren, 2 EL Zucker und 500 g Mehl dazugeben und gut durchrühren. Zugedeckt 1 bis 2 Tage stehen lassen. Kann danach im Kühlschrank bis 10 Tage aufbewahrt werden.

Für die Brötchen braucht es: 250 g Mehl, 1 EL Zukker, 1 EL Backpulver, 2 Tassen Sauerteig-Starter, 3 EL Butter, Salz.

Mehl, Zucker, Backpulver und Salz vermischen, den Sauerteig dazugießen, alles durchkneten. eine Springform einbuttern. Walnußgroße Brötchen formen, im Mehl wenden und mit wenig Abstand in die Form legen. 15 Min. an warmem Ort gehen lassen, danach 30 Min. lang bei 200 Grad backen. Mancher Koch gibt eine Handvoll Rosinen in den Teig.

COWBOY BEANS

Bohnen waren im alten Westen die wichtigste Nahrungsgrundlage – und sie schmecken heute noch herrlich, besonders mit den richtigen Zutaten.

Für Cowboy Beans für 8 Hungrige braucht es: 500 g getrocknete Pinto- oder Kidney-Bohnen, 250 g Speckwürfel, 2 gehackte Pfefferschoten, 1 Zwiebel und 2 Knoblauchzehen, gehackt, 200 g Tomatenpüree, 2 EL Chilipulver, 1 TL Kümmel, 1/2 TL Majoran, Salz.

Die Bohnen waschen, in einer Pfanne mit kaltem Wasser bedecken und über Nacht einweichen. Am Morgen aufkochen, dann eine Stunde köcheln lassen. Zutaten beigeben und zugedeckt weitere 3 Stunden köcheln. Wenn nötig Wasser zufügen.

CHILI BEANS

Etwas Besseres kann man aus Bohnen wohl gar nicht machen. Es braucht: 400 g getrocknete Pinto- oder Kidney-Bohnen, 1 kg gehacktes Rindfleisch, 1 kleingeschnittene Paprikaschote, 1 Zwiebel und 2 Knoblauchzehen, gehackt, 4 EL Öl, 1 kg geschälte Tomaten (Dose), 2 EL Chilipulver, 1/2 TL Oregano, 1/2 TL Kümmel, Tabasco und Salz.

Die Bohnen wie bei den Cowboy Beans einweichen und 3 Stunden köcheln lassen. Hackfleisch, Paprika, Zwiebel und Knoblauch im Öl anbraten, alle anderen Zutaten dazugeben, das Ganze in die Bohnen mischen und nochmals 1 Stunde köcheln.

Es empfiehlt sich, nach Bohnenmahlzeiten den Aufenthalt in geschlossenen Räumen zu meiden.

RED TEXAS CHILI

Das ist ein sehr traditionelles Gericht aus Texas, das seinen Ursprung aus der mexikanischen Küche nicht verleugnen kann und bei kaltem Wetter besonders empfehlenswert ist, denn es heizt gewaltig ein.

Dazu braucht es für 8 Personen: 1 1/2 kg Rindfleisch zum Schmoren, in Würfel geschnitten, 50 g kleingeschnittenes Nierenfett, 2 EL Chilipulver 1 TL Oregano, 1 TL Kümmel, 1 TL Cayenne-Pfeffer, 1 TL Tabasco, 4 gehackte Knoblauchzehen, 50 g Maisstärkemehl. Tabasco, Chili und Cayenne kann man natürlich reduzieren, wenn man es nicht wirklich rasiermesserscharf haben will.

Das Nierenfett ausbraten, das Fleisch darin anbraten, etwa 1 1/2 l Wasser dazugeben (wir nehmen halb Wasser, halb Rotwein, was zwar nicht original, aber im Geschmack noch besser ist), Gewürze beigeben und bei kleiner Hitze 1 1/2 Stunden köcheln. Die in Wasser angerührte Stärke beigeben und nochmals 1/2 bis 1 Stunde köcheln.

SALT STEAK

Das ist eine alte, in verschiedenen Weltgegenden praktizierte, doch heute weitgehend vergessene Methode, Fleisch zu grillieren. Wer es versucht, wundert sich, daß man das nicht öfter macht. Man braucht ein möglichst dickes Rindersteak, zum Beispiel ein etwa 6 cm dickes Huftsteak (Sirloin), es geht aber sehr gut auch mit Ribeye oder T-Bone.

Das Steak mit Pfeffer und feingehacktem Knoblauch einreiben. Etwa 1 kg Salz, möglichst grobkörnig, mit soviel Wasser vermischen, daß ein dicker Brei entsteht. Die Hälfte des Salzbreis auf eine Steakseite streichen, etwas antrocknen lassen und das Steak mit der Salzseite nach unten auf den Grill legen. Bei guter Glut, je nach Fleischdicke, 10 bis 15 Min. grillieren. Vom Grill nehmen, die obere Seite mit dem Rest Salzbrei bestreichen, vorsichtig wenden und auf den Grill zurücklegen, weitere 7 bis 12 Min. grillieren. Man kann das Steak auch am Anfang auf eine Alufolie legen und diese entfernen, wenn das Salz hart geworden ist.

Zu diesem herzhaften Steak passen in Alufolie in der Glut gebackene Kartoffeln, serviert mit Sour Cream.

BARBECUE SAUCE

Mit der Barbecue Sauce wird das vorgesehene Fleisch in der Regel während des Grillierens eingepinselt. Man kann damit aber die Steaks und Spare Ribs schon am Vortag bestreichen, das Fleisch also marinieren, wodurch die Gewürze noch besser aufgenommen werden. Es gibt viele Rezepte, und jeder Grillspezialist hat seine eigenen Variationen. Wenn man an einem windigen Tag nach einem der folgenden zwei Rezepte im Freien grilliert, stehen die Leute bis ins Nachbardorf Schlange.

BLACK NIGHT

Zutaten: 1 dl starker schwarzer Kaffee, 10 EL Tomaten-Ketchup, 2 EL Zitronensaft, 1 EL Zucker, 2 EL Worcestershire-Sauce, 2 TL Salz, 1 TL Cayenne-Pfeffer, 50 g Butter.

Alles mischen und 30 Min. unter Umrühren sanft köcheln.

STEAK SAUCE TEXAS

Dazu braucht es: 5 EL Zitronensaft, 125 g Butter, 2 EL Worcestershire Sauce, 1 TL Senf, 1 Tl schwarzen Pfeffer, gemahlen, 1 gehackte Knoblauchzehe und 1 Schuß Tabasco, Salz.

Alle Zutaten vermischen und nur so lange wärmen, bis die Butter geschmolzen ist – fertig.

WESTERN LEXIKON

Wie bei Fischern und Jägern gibt es auch bei den Westernreitern einen Fachjargon, eine ganze Menge Wörter, die man auch mit Hilfe eines guten Wörterbuches nicht übersetzen kann. Damit der Uneingeweihte bei künftigen Fachsimpeleien mitreden kann und weiß, daß in der Westernsprache Cricket keine Grille ist, sondern ein Kupferröllchen im Kandarengebiß und der Colt kein Revolver, sondern ein Hengstfohlen, geben wir unseren Leserinnen und Lesern hier ein zweiseitiges Westernlexikon mit.

AK Amateur Klasse

All Ages In All-Ages-Prüfungen sind nicht Reiter jeden Alters, sondern Pferde ab drei bzw. vier Jahren zugelassen.

Appaloosa Von den Nez-Percé-Indianern in Idaho gezüchtete Pferderasse, die sich durch besondere Zeichnungsmuster auszeichnet und gut zum Westernreiten eignet

APHA American Paint Horse Association

AQHA American Quarter Horse Association

Back Cinch Die hintere Bauchgurte an manchen Sätteln

Back Up Rückwärtsrichten

Barrel Race Rennen um drei im Dreieck aufgestellte Fässer

Bay Braune Pferde mit schwarzen Beinen und schwarzem Langhaar

Bit Gebißteil am Zaumzeug

Blanket Satteldecke

Blanket Pattern Zeichnungsmuster beim Appaloosa, weiße «Decke» über der Kruppe bei sonst dunklerem Fell

Boots Stiefel

Bosal Dünneres, aus Rohhaut geflochtenes Nasenstück der gebißlosen Hackamore-Zäumung; die dickeren Nasenstücke, die am Anfang der Ausbildung verwendet werden, heißen Hackamore.

Breed Rasse

Bridle Zäumung

Bronco Rohes, noch nicht eingerittenes Pferd

Brown Dunkelbraunes Pferd

Buckaroo Das anglisierte Wort für Vaquero; oft werden weißhäutige Cowboys als Buckaroos bezeichnet, dunkelhäutige als Vaqueros.

Bucking Bocken

Buckskin Bezeichnung für einen Falben, wörtlich übersetzt: Ziegenbockhaut

Cable Center Metalldraht als Kernstück schlechter Nasenstücke der Hackamore-Zäumung

California Style Die ältere, viel traditionellere Art des Westernreitens, die sich deutlich vom Texas Style unterscheidet, auch in der Ausrüstung

Canter Ruhiger, gleichmäßiger Galopp

Cantle Hinteraufbau des Westernsattels

Chaps Die amerikanische Abkürzung für Chaparajos, die lederne Beinbekleidung

Chestnut Dunkler Fuchs

Chin Strap Kinnriemen

Cinch Bauchgurt

Colt Eine Revolvermarke, aber unter Pferdekundigen meint man damit ein Hengstfohlen

Conformation Der gesamte Körper des Pferdes

Contest Turnier, sportlicher Wettbewerb

Corral Korral, Pferch

Cowboy Wer fragt da, was das ist?

Cow Sense Das vor allem bei vielen Westernpferden angeborene Talent zur Rinderarbeit

Cow Work Rinderarbeit

Cricket Kupferröllchen bei manchen Kandarengebissen

Cropout Geschecktes Quarter-Horse-Fohlen. Es kann nicht als Quarter Horse, sondern muß als Paint Horse registriert werden.

Curb Bit Kandare

Curb Chain Kinnkette an der Kandare

Cutting Schneiden, Aussondern eines Tieres aus der Herde, wird als sportlicher Wettbewerb betrieben

Dam Mutterstute

Double Reins Doppelte Zügel, zum Beispiel Hackamore und Trense oder Hackamore und Kandare

Doubling Mit einem harten, seitlichen Zug am Kopfzeug wird das Pferd aus dem Galopp gestoppt und herumgeworfen.

Draw Reins Schlaufzügel, eine Form von Hilfszügeln, die ein guter Trainer nie gebrauchen muß

Dun Goldfarbenes Pferd mit dunklem Aalstrich

Dwell Das Verharren des Pferdes nach dem Stop

Englisch Die konventionelle europäische Reitweise nennt man auch Englischreiten.

Equipment Ausrüstung

Fence Zaun

Fender Breites Lederteil über dem Steigbügelriemen

Fiadore Riementeile zum Fixieren der Hackamore in der richtigen Position

Figure Eight Achterfigur auf der Reitbahn oder in Achterform geworfene Lassoschlinge, wobei der untere Teil die Vorderbeine, der obere den Kopf des Rindes fangen soll: Hohe Schule des Lassowerfens.

Filly Stutfohlen

Flying Lead Change Fliegender Galoppwechsel

Fork Gabel, Vorderzwiesel des Westernsattels; darauf ist das Horn befestigt

Futurity Klasse für junge Pferde

Grazer Bit Einfache Kandare, mit der das Pferd auch grasen kann

Hackamore Gebißlose Zäumung, siehe auch bei Bosal. Das Wort Hackamore ist abgeleitet von der spanischen Jaquima.

Hair Rope Strick mit eingeflochtenem Pferdehaar, gehört zur Hackamore-Zäumung

Halter Halfter

Headstall Lederzeug des Zaumes

Hind Quarter Hinterhand, Nachhand

Hobbles Fußfesseln

Horse Pferd

Horseman Ein Mensch, der die eher seltene Gabe hat, Pferde wirklich zu verstehen

Horse Walker Führmaschine

Hurry Up Method Ein Pferd «auf die Schnelle» ausbilden, was auf längere Sicht immer schlecht ist, weil dadurch körperliche und seelische Schäden entstehen

Lead Change Galoppwechsel

Lead Rope Führstrick

Leopard Pattern Tigerschecke

Lope Langsamer Galopp

Mare Stute

Maturity Klasse für ältere Pferde

Mecate Siehe Hair Rope

Mustangs Verwilderte Pferde Nordamerikas

Neck Reining Die einhändige, lose Zügelführung, bei dem das Pferd dem an den Hals gelegten Zügel weicht

OK Offene Klasse

Open Range Offene, weite Landschaft ohne Zaun

Overo Zeichnungstyp von Paint Horses und Pintos

Pad Satteldecke

Paint Horse Geschecktes Quarter Horse

Pattern Vorgegebenes Muster, das in einer Prüfung zu reiten ist

Penalty Strafpunkt

Performance Horse Sportpferd

Pinto Geschecktes Pferd jedwelcher Rasse

Pivot Vierteldrehung auf der Hinterhand

Pleasure Horse Ein Pferd, das zu reiten ein Vergnügen ist

Pole Bending Slalomrennen

Port Zungenfreiheit bei der Kandare

Pull and Slack Method Zupfen und Loslassen der Zügel, im Gegensatz zur ständigen Zügelanlehnung

Quarter Horse Die wichtigste Rasse unter den Westernpferden

Raw Hide Rohhaut

Reining Dynamische Dressurprüfung in der Westernreiterei

Reins Zügel

Rigging Die Art der Befestigung der Ringe am Sattel, an denen der Bauchgurt oder die -gurten festgemacht ist bzw. sind

Roan Stichelhaariges Pferd

Roll Back 180-Grad-Wendung auf der Hinterhand, aus der in der Regel direkt angaloppiert wird

Romal Die Verlängerung des kalifornischen Zügels mit Lederstreifen, die als Peitsche benützt wird

Roping Lassowerfen, Rodeodisziplin mit verschiedenen Wettbewerbsarten

Round Pen Runder, fest eingezäunter Trainingsplatz oder Rundkorral

Run Down Schneller Galopp vor dem Sliding Stop

Saddle Sattel

Score Punktestand bei Prüfungen

Seat Sitz

Senior Horse Fünfjähriges oder älteres Pferd

Shanks Hebelarme an Gebissen

Skid Boots Schoner für die Hinterbeine

Skin Boots Schoner für die Vorderbeine

Slack Das Durchhängen des Zügels oder Führstricks

Sliding Stop Schnelles Anhalten, bei dem das Pferd ein Stück weit auf den tief untergesetzten Hinterfüßen gleitet

Snaffle Bit Wassertrense

Sorrel Fuchsfarbenes Pferd

Spade Bit Kandare mit Löffel

Spin Hinterhandwendung um mindestens 360 Grad

Split Rein Geteilter Zügel

Spurs Sporen

Stallion Hengst

Stirrup Steigbügel

Stock Viehbestand

Stock Horse Cowboypferd

Stock Saddle Western-Arbeitssattel

Superhorse Vielseitigkeitsprüfung im Westernreiten

Swell of Fork Die seitlichen Wülste vorne am Sattel

Tack Ausrüstung

Tack Room Sattelkammer

Tapaderos Lederverkleidung an den Steigbügeln

Team Penning Wettbewerb, bei dem ein Dreierteam drei bestimmte Rinder aus einer Herde aussondern und in einen Verschlag treiben muß

Texas Style Der Westernreitstil, der östlich der Rocky Mountains geritten wird, im Gegensatz zum California Style

Tobiano Zeichnungstyp von Paint Horse oder Pinto

Trail Geschicklichkeitsprüfung im Westernreiten

Turn Wendung

Vaqueros Ursprünglich die indianischstämmigen Rinderhirten der spanischen Viehzüchter in Amerika, die ein sehr starkes Traditionsbewußtsein entwickelten

Walk Schritt

Western Pleasure Gangartenprüfung im Westernreiten

Western Riding Prüfung, in der vor allem Gänge und Durchlässigkeit beurteilt werden

Working Cow Horse Prüfung, die aus einem Reining und einer Rinderarbeit besteht

Youth Jugendliche Reiter bis 18 bzw. manchmal bis zu 19 Jahren

YK Jugendklasse

REGISTER

zu den Personen, Pferden, Ranches und Reitervereinigungen

Kursiv gesetzte Zahlen weisen auf Abbildungen hin.